启真馆 出品

北宋种氏将门之形成

曾瑞龙　著

浙江大学出版社
ZHEJIANG UNIVERSITY PRESS

序　言

　　瑞龙离开我们不知不觉已六年了，这些年来，许多研究宋史的年轻朋友，读过瑞龙《经略幽燕》和《拓边西北》两部很有代表性的著作后，都纷纷表示对瑞龙学术成就的企慕佩服之情。他们都问及瑞龙的其他著作，何日结集成书。我与美玲及众同门商量，都觉得可以首先出版瑞龙的硕士论文《北宋种氏将门之形成》，然后再将其余的文稿结集出版，包括最近才刊出、瑞龙用英文撰写的遗作"'Goose File' Formation: What Does It Look Like?"（刊于 *Journal of Song-Yuan Studies*, Vol. 38 [2008], pp. 139—160）。罗球庆老师很赞同我们的意见，并嘱咐我写一篇短序，因为在众同门中，唯有我先后写过两篇有关种家将的文章，有特别的渊源，故由我写序以作纪念，较为适合。另外，由瑞龙家人、同门、好友及受业合资于香港中文大学历史系设立的"曾瑞龙教授纪念历史奖学金"，已于今年12月4日在瑞龙就读的香港中文大学崇基学院，由美玲亲手颁发给第一位得奖的历史系一年级同学。本书的出版，正好志此一嘉惠学林的美事。

　　看到瑞龙正式出版的硕士论文书稿，前尘往事又历历在目。我在1982年夏，开始筹划第二年到美国深造。这年夏天瑞龙刚考入香港中文大学研究生院，随罗老师治宋史，当他开始要选定硕士论文题目时，老师嘱我这个"大师兄"先和他一谈。因瑞龙在本科时写过《北宋中叶拓边活动的开端：庆历朝水洛城事件发微》一篇专题论文，对北宋中叶宋夏关系的认识，已有相当扎实的基础，我建议他在这方面继续研究下去。我在1977年曾随罗老师写过一篇《北宋末年勤王军研究》专题论文，探讨过北宋种氏将门第三代种师道、种师中在靖康之难的事迹，觉得种氏将门可能是一个不错的研究题目，因向瑞龙提出，果然，"英雄所见略同"。我和瑞龙读《水浒》，读到"老种经略相公"、"小种经略相公"的名字，本来都心仪不已，能全面地研究种家的历史，实在是赏心乐事。瑞龙头几个月阅读相关史料即有所得，他指出种氏本出于文臣家族，从种世衡筑青涧城，以文易武开始，历种谔、种师道等三代在西边建功立业，成为北宋中后期最显赫的武将世家，实在是一个值得注意的案例，在宋代文臣当权环境下，这一案例肯定有重大的历史意义。在往后的两年，在罗老师的悉心指导下，他写成了功力深厚，分量十足的硕士论文《北宋种氏将门之形成》。

瑞龙的硕士论文虽然一直未正式刊行，但早为方家所注意及引用。马幼垣教授在一次闲谈中见告，他尚在夏威夷大学任教时，早就托香港的友人到香港中文大学图书馆将瑞龙这篇硕士论文借出影印珍藏。后来马教授与瑞龙结缘，请他参加其主持的水浒学术会议，并将瑞龙的《宋公明排九宫八卦阵：〈水浒传〉中对阵法的描述》专文收入其《水浒论衡二》专集中，又邀瑞龙为他主编的《岭南学报》撰稿，其因缘早种于20世纪80年代。

瑞龙在1989年夏到美国西部图森市（Tucson）的亚利桑那

大学，随陶晋生老师攻读宋史博士学位，我们住在一起，有一整年时间论学谈天。他的宋辽史及宋夏史研究的功力与日俱增，他已不满足先前硕士论文的研究成果，打算将来大幅度增补改写。瑞龙 1997 年在美国学成归来后，在硕士论文的基础上，加上新的史料及研究成果，又陆续撰成《赵起〈种太尉传〉所见的六逋宗之役》《参谋作业与拓边战争：种朴的军事活动》两篇专题论文，他生前手定的《拓边西北》书稿中，已将二文编入。倘天假以年，相信瑞龙会将他的硕士论文论述种氏将门其他人物的部分重写，特别是有关种世衡、种谔、种诊、种师道部分。

　　事实上，有关种氏将门的研究，除了瑞龙这篇硕士论文，以及我先后所撰的两篇文章外，这二十年来已经发表的中外著作，寥寥可数，而且水平均较为一般。据我目前所见，内地学者所撰的只有两篇，都是关于种世衡的，计为虞师:《论北宋御夏名将种世衡》，载邓广铭、徐规编:《宋史研究论文集》(1984年年会编刊，杭州：浙江人民出版社，1987 年 11 月)，549—566 页；金文发:《简论种家将》，载《贵州社会科学》(总 163期，2000 年第 1 期)，87—93 页。两文的论述寻常粗浅。海外的著作，也是关于种世衡的，有美国宋史学者保罗·史密斯（Paul Jakov Smith）最近（2009）在美国亚洲研究学会（AAS）会议宣读的一篇论文，题为 "A General for His Time: Chong Shiheng（985—1045）and the Remilitarization of the Northern Song State"（Conference summary of a chapter in progress, unpublished, pp.1—27）。该文的参考书目中有列出瑞龙用英文撰写的博士论文 "War and Peace in Northern Sung China: Violence and Strategy in Flux, 960—1104 A.D."（Ph.D. Dissertation, The

University of Arizona; 0009, 1997），却没有列出瑞龙这篇硕士论文，似乎没有看到瑞龙开创之作。史密斯的新作，无论在数据使用还是论点分析深度，均远逊瑞龙二十五年前撰写的硕士论文。期望这篇硕士论文正式出版后，能供中外对种氏将门有兴趣的学人参考引用，这亦是我们出版本书原因之一。

本书能够出版，十分感谢梁伟基兄的居中联络协力，而瑞龙高弟梁若愚兄将瑞龙的手写稿打字并仔细校对，实在劳苦功高。另外，中文大学历史系主任、崇基学院院长梁元生教授于成立瑞龙纪念奖学金一事上的巨大支持与协助，谨代表美玲及一众同门衷心致谢。

何冠环

谨识于 2009 年 12 月 23 日

香港理工大学中国文化学系

引　言

　　西夏李元昊在宋仁宗时对宋作战，打破了自宋辽战争结束后宋人的苟安之局。这时的宋夏战争中，宋人大败者三，大将刘平、石元孙被擒；任福、葛怀敏被杀，至庆历五年（1045）始达成协议。唯其间有两名武将，却在战争中成名，就是狄青和种世衡。他们都不是宋室的宿将，狄青自行伍出身，面有黥文；种世衡则是文官出身，中途始转入戎行，不过他在战争结束前便已病逝，未能像狄青那样位至枢密的高位，然而狄青崛起太速，战功又高，很快就受猜疑而去位，其子弟虽不失勋贵，但不再位居方面；反之，种世衡的子弟却在神宗朝分居边任，其中以种谔声名最著，以擅取绥州而再度触发战端，其后啰兀、灵武、永乐三大战役都由他参与策动。他的兄长种古、种诊也累任边将，与种谔合称"三种"。哲宗朝旧党得势，边事少息，然而元祐二年（1087）也发生青唐、西夏联合夹击熙河路的事件，结果世衡的幼子知岷州的种谊在洮州率先取胜而解除了威胁。绍圣（1094—1098）、元符（1098—1100）年间新党绍述，对西夏、青唐用兵，种谔之子种朴亦参与其事。元符二年（1099），王赡在青唐撤退，种朴临危受命，星夜赴河州上任，数日后战死于一公城。靖康之难中，金人围城，宋兵的统帅种师道，就是种世衡的孙子，当时称为"老种"。他的弟弟种师中带兵援太原，战死于榆次，种师道不久也病亡，金人再南下，北宋就亡了。种氏三代为将，经历了仁、英、神、哲、徽、钦六朝，自康定元年（1040）迄北宋之亡（1127）共87年，北宋立国167年，有种氏将门活动的时期占了一半以上，且参与对外的重要战役，其将门如何形成，值得注意。

北宋的制度，官有文武之分，用以寄禄，另兼职事、差遣，文官又可带武职，因此要对"将"或"武将"下一确切定义，十分不易；加以枢密有发兵之权而无握兵之重，三衙有握兵之重而无发兵之权，将军权分割，更增加了将领身份的模糊。因此为论述方便，有必要定一些初步准则。文官兼武职的情况下，保留了他文官的身份而担任武职，多属临时性质，如范仲淹、韩琦等在战事稍息后便回朝廷当政，本身仍是文臣，不能算是将。武官身份是作为武将的基本条件，即以宋代有文武互换之制，亦不应加以混淆。将的另一性质是带兵的，这方面考究清楚，可与两种身份类似的人区别开来，其一为一般不领兵的武官；其二是所谓"帅臣"，即经略安抚使。北宋的武官为一庞大的群体，并非人人带有兵马，有官无职，也就没有权柄。甚至如日本学者友永植解释，基层的武官体系"三班使臣"是从唐代宦官组织中发展出来的，故不宜并称为将。[1]至于"帅"，本与"将"颇为接近，但北宋经略安抚使常不亲自带兵，而让为副的武臣领兵出战，何坦《西畴老人常言》说："古称将帅，名号一也，今日之制，实则异焉，将所以握兵，诸军统制、统领、正副将是也。体统相维，上下相制，朝廷远虑，过于前代矣！"[2]可见将、帅有所分别，在北宋除却少数例子，如熙河帅王韶等亲自领兵者外，都不宜算是将。此外，有所谓都监，本属监军之类职位，为监视诸将领而设，自不算入武将；但北宋都监亦常领兵出战，而其监察职责则大致由"走马承受"担当，因此在都监领兵的情况下，可以算入武将。

至于"将门"的定义，本研究原则上以绵延三代为标准，三代为将，便可算是将门。北宋武人中父子两人为将的例子，不胜枚举，若一一算入将门，反引起不便，故以三代为限。不过在特殊情况下，如第二代有兄弟数人皆为武将，虽不及三代，亦未始不可算入将门。例如曹彬，有"搜兵四解降王缚，教子三登上将坛"之称，[3]亦不宜摒于将门范围之外。

关于北宋将门，学者的研究成果大抵以杨家将为多，如余嘉锡、常征等都做过有关研究。[4]此外，日本学者畑地正宪研究过府州折氏。[5]北宋种氏将门，系于《宋史·种世衡传》中的已有六人，均为种氏子弟继起为将的个案，本研究尝试以种氏将门之形成为中心，作一试探。

武将也属于统治阶级，[6]将门的形成可能只是某一政治势力得势的表现，如以熙河边功起家的王韶父子，便在新党得势时策动开边，然而种氏的发展情况不尽如是。种世衡受范仲淹、庞籍等提拔，但其子种古却先后控告庞籍和仲淹之子范纯仁，到第三代的种师道才和范氏释怨。种谔与薛向、韩绛、沈括等共事西边，发动对西夏的战役，似与新党关系较好，但种师道却名列"元祐党人碑"。[7]三代都有其政治派系的支持，但无沿袭的政治立场，因此本研究的主要方向集中讨论将门形成的内在线索。

种氏将门在北宋各将门中最特殊之处在于这是文人形成的将门。北宋重文轻武，人所能言，然而武人状况如何，仍然少受注意，何况由文人形成的将门，更可能表示着北宋文武之间的某种关系。重文轻武而用文人为将，更进而形成世家，种氏这个例子可作为北宋将门中研究文武关系的重要个案。

　　本研究分为四章，前两章着重分析种放及其侄种世衡的受到注目，后两章讨论将门如何形成，其子弟如何继起。此外，本研究另有附录六篇，均为种氏将门事迹中需加考辨的，只有附录二除外，不过由于武臣换文资的条例，与种氏子弟在文武两途中屡次转换有莫大关系，因此亦附于正文之后。有关种氏将门之世系及其重要活动，参见以下图一及表一。

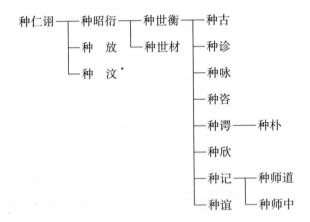

图一　种氏将门家世示意图

*种汶为种放之弟，见《长编》卷七三，页2。
注：据《范文正集》卷十三"种世衡墓志"及《宋史》卷三三五"种世衡传"。

表一　种氏将门活动大事记

时间	公元	事件
景祐五年	1038	李元昊称帝。(《宋史》卷四八五《夏国传》,页13995)
康定元年	1040	延州之战,宋将刘平、石元孙被西夏所擒。西夏并攻陷延州附近一些堡障。种世衡向范仲淹提议筑古宥州城,范仲淹向朝廷提议,得采纳,种世衡前往筑城,城中无水,下重赏命石工掘井,得清水,青涧城之名由此而来。同年九月,种世衡由大理寺丞签书定国军节度判官事改为内殿承制知延州青涧城,由文官换为武官。(《宋史·仁宗纪》,本传,《长编》卷一二八,页16)
庆历元年	1041	种世衡在青涧城招土兵,自为一军,又募蕃兵五千,请隶折马山族。当时他又已升为供备库副使。(《长编》卷一三四,页1—4) 他在青涧城期间,招蕃部,练兵积粮,贷钱于商旅,鼓励贸易,使青涧城得以富强。(《涑水记闻》卷九,页97)
庆历二年	1042	好水川之战。原来韩琦、范仲淹上攻守二策,朝廷用攻策,范仲淹不肯出兵。元昊适时进兵镇戎军,韩琦使环庆路副都部署任福领泾原兵出师,中伏于好水川,任福败死。(《长编》卷一二八至一三一) 三月,种世衡由青涧城改知环州,当时他已是洛苑副使。 在此之前,他派遣青涧城僧人王嵩为间谍入夏。到环州后,冒雪访牛家族,收服酋长奴讹,又招抚蕃官慕恩,其他蕃部不服者,便让慕恩出兵平定。(《涑水记闻》卷九,页98—99;《长编》,《永乐大典》卷一二三九九,页10A,页12B)

时间	公元	事件
庆历二年	1042	元昊攻略麟、府地带，陷丰州。知延州庞籍命诸将收复失陷各寨，种世衡进兵承平寨，无功。(《长编》,《永乐大典》卷一二三九九，页 13A) 定川之战，泾原路副都署葛怀敏出援定川寨，为元昊所破，败死。种世衡受范仲淹之命，领蕃兵赴援。(《范文正集·种世衡墓志》页 16A) 元昊进兵至潘原，遇宋将景泰，不胜而退。(《长编》,《永乐大典》卷一二四零零，页 12—15)此役立功的景泰由泾原都监兼知原州左藏库使升为西上阁门使本路钤辖兼知镇戎军。
庆历三年	1043	种世衡升为东染院使环庆路兵马钤辖。(墓志页 16B)
庆历四年	1044	种世衡受范仲淹之命筑细腰城，断绝了环原之间明珠等三族与西夏的通路，三族遂服从。(《长编》卷一五三，页 13)
庆历五年	1045	种世衡筑城时已得病，正月七日卒。范仲淹为世衡写墓志，当时种诊、种咏、种谔分别为试将作监主簿、同州澄城尉及三班奉职。(墓志页 18A) 宋夏和议达成。 王嵩归国，五月，庞籍推荐他，说种世衡派他入夏境离间元昊君臣，使他们互相猜忌，遂成和议，希望从优给他升官。朝廷便将王嵩升为三班奉职，后来王嵩又自称功劳，再升为右班殿直。(《长编》卷一五五，页 14,《涑水记闻》卷九，页 99)

续表

时间	公元	事件
皇祐元年	1049	种世衡的长子种古初时仰慕种放的为人，抗志不仕，有"小隐君"之称，这时赴阙控告庞籍吞没了他们父子之功，说他父亲派王嵩行反间计，使元昊杀其大臣野利兄弟，势弱而求和。庞籍则辩称王嵩入夏境之后就被囚禁，元昊仍然任用野利兄弟，后来议和的书信也是旺荣写的。他们因作乱而被元昊所杀，并非王嵩的计策成功。朝廷知道种古的话不实，但仍追赠世衡为刺史，种古再讼赏薄，又追赠为成州团练使。后来庞籍罢枢密，种古又再上诉，但不得直。朝廷授种古为天兴县尉。（《涑水记闻》卷九，页99—100）
治平二年	1065	六月，种诊、种谔受陕西安抚使冯京所荐，由文官换为武官，种诊由殿中丞转洛苑副使，种谔由国子博士转左藏库使。（《宋会要辑稿·职官》六一，页3759下—3760上）
治平三年	1066	种古为吕公弼所荐，由大理评事换为内殿崇班，也由文转武。（《宋会要辑稿·职官》六一，页3760上
治平四年	1067	种谔先受鄜延路经略使陆诜荐知青涧城，这时上言故绥州蕃部酋长嵬名山有意归附，神宗亦有招纳之意，但他没有知会陆诜，便擅自出兵筑城受降，致令宋夏和平破裂。于是他被贬秩四等，安置于随州。不过绥州却没有被放弃。（《太平治迹统类》卷十六，《长编本末》卷八三；《东都事略》本传）

续表

时间	公元	事件
熙宁三年	1070	宣抚陕西韩绛起用种谔为鄜延路都监，复知青涧城。种谔上进城横山之议，韩绛用他节制诸将，打算在绥、麟之间的啰兀筑城。（《东都事略》本传，《长编》卷二百十六，页3，卷二百十八，页13）种谔出塞三十五日，筑啰兀城，抚宁堡。然而庆州方面发生兵变，夏人攻破抚宁堡，啰兀势孤，卒告放弃。韩绛因而去位，种谔责授汝州团练副使，安置潭州。再贬贺州别驾，移单州、华州。（《长编》卷二一九，页1，《东都事略》本传及《韩绛传》）
熙宁五年	1072	王韶出师熙河。王韶本由进士出身，游边郡，上平戎策，认为欲取西夏，先复河湟，趁河湟蕃部不相统一之际加以招收，免致为西夏所并。神宗和王安石采纳其议，王韶便招降龙珂部大酋长包顺，继而出兵，取熙河、洮、岷等州，朝廷遂建为熙河路。（《宋史·王韶传》，《太平治迹统类》卷十六）
熙宁六年	1073	韩绛为种谔辩明前功，复为礼宾副使知岷州。（《东都事略》本传）
熙宁九年	1076	铁城之战。知岷州种谔击败洮州酋长鬼章。（《长编》卷二七九，页8）

时间	公元	事件
元丰四年	1081	元丰西讨。在此之前，种谔已由东上阁门使文州刺史知泾州为鄜延路副都总管。其时传言西夏秉常为国母所杀，种谔主张立即出兵取灵州。朝廷派宦者王中正前往商度。八月，种谔派兵出界浅攻。宦者李宪则由熙河出兵取兰州。九月二十二日，王中正出麟州，种谔出绥德城（绥州），高遵裕出环州，加上出泾原的刘昌祚，共五路伐夏。种谔破夏兵于无定河，降米脂寨，北上入石州，连取银、夏二州，但夏人未加力拒。王中正军粮道不继，无甚战功。泾原刘昌祚破夏兵于磨脐隘，首先到灵州城下，高遵裕继至，二将不和，西夏又放水淹宋兵，二路兵溃；王中正军无粮食，转入塞。种谔的粮食也不继，部下刘归仁首先溃回，李宪亦无功而退。（《长编》卷三一二至三二一，《涑水记闻》卷十四）李宪上言再举。
元丰五年	1082	五月，鄜延路经略使沈括，副使种谔上筑城横山的奏章，朝廷任命给事中徐禧，内侍李舜举前往相量，并诏种谔赴阙。徐禧等到延州后，将计划修改，由原来先筑乌延、银州改为永乐城，沈括亦改变主张跟从徐禧。于是出兵四万余，带同大量役兵、民夫前往筑城，留种谔守延州。永乐城完工后，徐、沈等回米脂，不久西夏大军来到永乐，徐禧、李舜举赶回固守，宋兵战败，西夏围城猛攻，城陷。徐禧身死，沈括罢帅，种谔代任经略使。（《涑水记闻》卷十四，页156—158；《长编》卷三二六、三二八、三二九及三三零页13）十二月，种谔为儿子种朴求赏，受罚铜三十斤。（《长编》卷三三一，页16）

续表

时间	公元	事件
元丰六年	1083	三月，种谔病危，神宗命范纯粹前往权管勾经略司事。（《长编》卷三三四，页4） 四月，种谔病亡。范纯粹揭发种谔部下管勾机宜文字徐勋擅用帅印批发文件，结果徐勋被除名。事情牵连到种朴，种谔之侄种建中（师道）向朝廷辩解，种朴遂得以免死。（《长编》卷三三八，《三朝北盟会编》卷六十《种师道行状》，《东都事略·种师道传》）
元祐元年	1086	朝廷中有主张放弃兰州，将米脂、浮图、葭卢、安疆四寨还给夏人的，遂有弃守之争。
元祐二年	1087	青唐酋长鬼章联结西夏及沿边蕃部反宋，知岷州种谊得悉内情，主张先出兵取洮州，朝廷命游师雄前往商度。师雄赞成其计划，趁青唐、西夏大军尚在途中，命大将姚兕烧黄河桥，种谊则出兵奇袭洮州，生擒鬼章。青唐、西夏大军遂退。（《长编》卷四〇四，页11）种谊卒于绍圣初年。（《东都事略》本传）
绍圣三年	1096	七月，种师中受经略使孙路所请，由宣德郎换官为内殿承制。（《宋会要辑稿·职官》六一，页3762上）
绍圣四年	1097	种朴知镇戎军，为泾原帅章楶绘图计划进筑。（《长编》卷四八七，页4）
元符元年	1098	章楶在天都山洒水平筑城，建为西安州，种朴领环庆兵护役。（《长编》卷五〇二至卷五一一）

续表

时间	公元	事件
元符二年	1099	种朴知环州，筑白豹城以据横山。（《长编》卷五一一，页15） 河州将王赡上取青唐之策，领兵连取邈川（湟州）、青唐（鄯州）二城，羌人不服，二城皆被围。解围后，河州洮西蕃部又叛，朝廷命种朴知河州，星夜赴任。种朴到任后两日，为经略使胡宗回所逼，出兵一公城，中伏战死。（《长编》卷五一七，页8）
崇宁二年	1103	种师极因反对蔡京役法，被列入元祐党人碑。师极即建中，因避建中靖国年号而改名，这时以师极之名见于党人碑。
大观二年	1108	种师极出罪籍。（《宋会要辑稿·职官》七六，页4108下至4109上） 继而，徽宗赐他"师道"的名字，用他为武功大夫忠州刺史泾原路兵马钤辖知怀德军。
政和元年	1111	西夏议和。徽宗召见师道，师道主张"先为不可胜"。
政和四年	1114	种师道为泾原路兵马都钤辖，知西安州，兼管内安抚使。
政和五年	1115	种师道展开威川、飞泉寨作战，过程不明。
政和六年	1116	宋夏战争持续。种师道为龙神卫四厢都指挥使，洛州防御使，泾原路安抚使知渭州。
政和八年	1118	席苇平之战。种师道领大军前往筑城，西夏军前来争夺，种师道列阵交锋，命姚平仲领精骑突入，杨可世分兵出西夏阵后，夏兵败走。 六月，种师道帅师攻藏底河城，将怠慢的军校斩首，八日城破。师道升为侍卫亲军马军副都指挥使应道军承宣使。

续表

时间	公元	事件
宣和元年	1119	靖夏城失守，师道降为陇州防御使。同年宋军发动萧关之战，种师道为都统制，官位较高的刘延庆、刘仲武反受他节制。此役虽无大战功，但仍得到保静军节度使的节钺。种师道乞休，不准。
宣和六年	1124	联金伐辽之役。童贯用种师道为都统制，领兵从东路取幽州，部将杨可世败于白沟，兵溃，师道责令致仕。他原先不赞成伐辽，但后来大将刘延庆用降将郭药师偷袭幽州，仍告失败。
宣和七年	1125	种师道再被起用为知环州，还保静军节度使致仕。当年年底，金兵南侵，诏种师道为检校少傅静难军节度使京畿，河北路制置使。师道下终南山时遇上姚平仲带兵来，同至汴京城外。
靖康元年	1126	种师道入城见钦宗，命姚平仲逼金营下寨。当时种师中为秦凤帅，正领兵在中途，姚平仲急于求胜，领兵劫金营，大败。二月，宋金和议成。金兵北退，宋廷因割三镇的事又起争议。种师道提举中太一宫。宋人决定不割三镇，以师道为太尉镇洮军节度使充河北路宣抚使，种师中领兵救太原。师中的大军在太原附近的榆次遇金兵，溃败，师中战死。种师道病死。年底，金人再南下，围汴，城破。（以上并参见《会编》卷六十《种师道行状》、《东都事略》及《宋史》本传）
靖康二年	1127	金人掳徽、钦二帝北去。五月，高宗即位。

（本表主要参取《长编》《东都事略》《三朝北盟会编》及《宋史》之有关资料。）

注 释

[1] 友永植《唐五代三班使臣考：宋朝武班官僚研究その（一）》，收入《宋代の社會と文化》（东京：汲古书院，1983年），页29—68。

[2] 何坦《西畴老人常言》，收入《百川学海》（台北：艺文印书馆，1965年），页17。

[3] 王辟之《渑水燕谈录》（北京：中华书局，1981年，标点本；与欧阳修《归田录》合册）卷二，页11。

[4] 有关著作见第二章注32。

[5] 畑地正宪著、郑梁生译《五代北宋的府州折氏》，收入《食货月刊》复刊第五卷五期，页229—249。

[6] 刘子健《略论宋代武官群在统治阶级中的地位》，收入《青山博士古稀纪念宋代史论丛》（京都：省心书房，1974年），页477—478。

[7] 种谔对西夏作战的事迹见附录三《种谔的四次战役》；种师道列入"元祐党人碑"见第四章。现仅述种、范两家之恩怨。范公偁《过庭录》（上海：进步书局，出版年份不详），页10B—11A："种世衡倅凤翔，以赃编置高州，文正知其才，奏授武职帅陕，提拔为多。忠宣（范纯仁）为庆帅，种子诂（古）为环守，执属羌为盗，奏流南方，羌过庆声冤，忠宣为按验，果非盗，释之。时介甫当柄，诂乘时诉忠宣，挟请变狱，对狱宁州，事皆无状，忠宣谪守信阳。"至于种师道之与范家释怨，同上记载又称："种忠宪（师道）克西夏，帅京（泾）原，辟史（师）为客，一日，史从种郡圃正己堂习射。种曰：'以先祖才业，只终皇城使，某何人，叨冒乃尔，然子孙继承，至今不敢忘范文正之德。中间以家叔事，颇难见渠子弟。欲访其后，少报先德，未得其人也。'史具言长安邂逅先子曲折。种即颛使具书，邀至军前议事，一见甚喜。……席威（苇）

平之役，召先子从行，奏功，特改秩。"这是范仲淹后人范公偁的
记载，较他书详尽。至于种古与庞籍的诉讼，详见附录一"种世
衡反间计考异"。

目　录

第一章　种放出山与宋初崇儒之政策

　　种氏将门的先人种放，本是终南山的隐士，在山中过了三十多年的隐居生活。宋真宗因为他很有名望，特地把他召至京师，以示优礼文士，厚加宠遇，成为一时佳话。种放本以擅长经学和诗词著称，往来于嵩少、终南之间，出入朝廷，名气很大。他就是名将种世衡的叔父，在他的恩荫下，世衡晋身仕途，在宋夏战争中得以成名，结果形成了三代将门，历仁、英、神、哲、徽、钦六朝，在北宋中叶以后的军事上担当着重要的角色。

　　种放字明逸，是河南洛阳人。洛阳虽为他的祖籍，但种氏活动的地方主要在陕西，他后来也在长安广置田产，反而不见在洛阳方面有何重要的活动。种放的父亲是个小官，曾做到长安主簿。他父亲劝他以科举仕进，他辞以学业未成，[1] 不过他的几位兄长却都仕进了，但大概也没有做到很高的官，因为他的侄儿世雍、世衡后来都用他的荫。[2] 种放在终南山讲习为业，著书立说，后来出山之后，"秦雍生徒多就而受业"，[3] 似乎在经学方面相当有名气。从他的出身与志趣来看，他以习经为业，又带有"种隐君"之名，[4] 无论如何是一个儒士；而他们家的子弟，后来却形成了一个将门，这个现象背后代表着北宋文武之间的一种关系，这将是本研究探讨的中心。

　　种氏在北宋将门中的重要性除了在于他们的战功和威名之外，还在于他们是由文人转化而成的将门。北宋"重文轻武"之风，人所能言，用文人知军事，更是不争的事实。种氏起家于文，竟成了武将世家，累世边功。本研究只属个案研究，意在探讨北宋文武两途之间的中间人物，虽未能推生普遍性的结论，但亦望能对北宋文武关系的研究作些微的补充。

　　有关种放的史料，《宋史》本传已相当详尽，宋人笔记中也不乏记载，清人丁传靖《宋人轶事汇编》卷五所引的已有十二种，十五条；未被采入的还有欧阳修《归田录》、王栐《燕翼诒谋录》和司马光《涑水记闻》。南宋李焘《续资治通鉴长编》（以下简称《长篇》）、王称《东都事略》和彭百川《太平治迹统类》都有关于种放的记载，杨仲良《续资治通鉴长编纪事本末》（以下简称《长编本末》）有"种放出处"一目，专门记载他的事迹。[5]

　　关于种放的生平，这里只拟作一简单介绍。种放少年好学，父亲死后，和母亲隐居于终南山豹林谷，初时仍讲授经业，教授生徒，后来名气大了，陕西转运使宋惟幹称述他的才行，淳化三年（992），首次被召。这时他的母亲便劝他不要再讲学了，焚其笔砚，一起避入深山。太宗表示很赏识他的气节，派人送钱给他。真宗咸平元年（998），他母亲去世了，由于宋湜、钱若水和王禹偁的倡议，朝廷送了二十万钱、帛三十匹、米三十斛给他办丧事。张齐贤又一再推荐他，咸平五年（1002）九月，种放终于应召出山，来到汴京。真宗示以宠遇，和他登龙图阁论天下事，授他为左司谏，直昭文馆。不过他只留了几个月，次年便表请还山，于是迁起居舍人，优礼送行。真宗一度表示想一访他的山居，咸平六年（1003），曾命人去画他所居的豹林谷山水，与辅臣同观，并再召他入朝。这一次他辞以疾病，但毕竟在景德元年（1004）又来朝了。景德二年（1005），授右谏议大夫，到嵩山养病，冬天又再度回京。次年因兄丧暂回终南山，十月又再回朝。真宗一度提出要重用他，他则加以推辞。大中祥符元年（1008），真宗东封泰山，他因随行而加给事中。次年，一度归山，到大中祥符四年（1011）才又来朝，从祠汾阴，拜工部侍郎，随后又表请还山，徙居嵩少，死于大中祥符八年（1015）。[6]

种放在北宋朝廷五入五出，每次都加官迁任，宠遇不替。从当时士大夫对他之妒忌，可见一斑。翰林学士杜镐曾在真宗送他回山的宴会中颂《北山移文》一篇来讥讽他；[7]孔平仲《谈苑》记载杨亿把他形容为"不把一言裨万乘，只叉双手揖三公"；[8]丁传靖所辑有一则说一大臣直称"臣素知放之所为，彼视山林若桎梏，盖强持隐节，岂嘉遁之人耶？请此一觐，则妄以狂动，知鼎席将虚，有大用之觊，陛下宜察之"。[9]将他说成以隐居来博取高位。

宋真宗对种放，却甚为尊重。王辟之《渑水燕谈录》记载"一日，登龙图阁，放从行，真宗垂手援放以上，顾近臣曰：'昔明皇优李白，御手调羹，今朕以手援放登阁，厚贤之礼，无愧前代矣！'"[10]种放还山时，又盛宴赐诗送行，《宋史》本传记载种放在景德二年（1005）、三年（1006）及大中祥符二年（1009）的归山，都有设宴赐诗的盛会。[11]真宗这样优礼于他，到底有何目的？据《谈苑》和释文莹《湘山野录》所载，他曾有"十议"献给真宗；[12]《宋史》本传作十三篇；[13]真宗欲幸长安，又为种放所谏止，[14]也许他对真宗确有不少辅助之功，但仅凭二三事，亦不足以证明种放真的有何过人之才。真宗之所以这样优礼于他，毋宁说是宋初崇儒政策之所趋。欧阳修说"使车入里，君命在门。闾巷惊传，岂识朝廷之故事；缙绅竦叹，以为儒者之至荣"，[15]种放之被征出山，在当时正代表着国初崇儒之风气。

经过五代多年的战乱和太祖的削平南方，太宗和真宗颇以文治自夸。宋敏求《春明退朝录》引淳化五年（994）《日历》载："上谓侍臣曰：'昔（后唐）庄宗可谓百战得中原之地，然而守文之道，可谓懵然矣。'"[16]李攸《宋朝事实》又载"太宗笃好儒学"，因命修《太平御览》和《太平广记》，自称"朕万几之暇，不废观书"。[17]此外李攸又载太宗说"王者虽以武功克定，终须以文德致治"。[18]真宗曾对陈彭年说"有唐文物最盛，朱梁而下，王风寝微。太祖、太宗丕变弊俗，崇尚斯文"，于是制"崇儒术""为君难为臣不易"二论，在国子监刻石保存。[19]

显而易见的是，宋初确是有意搜集图书。太祖初年有图书一万二千余卷，兼并了诸国之后，收藏乃大为增加。[20]太祖至仁宗四次下诏求中外士庶纳书。[21]收藏图书的三馆，初时只有庐舍数十间，甚为简陋，太宗于太平兴国年间（976—984）在左升龙门另拨地兴建。[22]

此外，更推行科举，据王栐《燕翼诒谋录》认为，宋初科举含有很大的社会功能，说"唐末，进士不第，如王仙芝辈唱乱；而敬翔、李振之徒，皆进士之不得志者也。盖四海九州之广，而岁上第者仅一二十人，苟非才学超出伦辈，必自绝意于功名之途，无复顾藉，故圣朝广开科举之门，俾人人皆有觊觎

之心，不忍自弃于盗贼奸宄。"[23] 不过科举之门路广阔，似乎在
太宗太平时才较为显著，太祖朝进士每年大概不过数人至十数
人，[24] 太宗太平兴国二年（977）一榜放一百三十余人，淳化二
年（991）第一甲放至三百零二人，[25] 是特例优渥所至。马端临
认为"太宗寤寐英贤，如恐不及，时出特恩，以示奖励，故初
无一定之例"。[26] 王栐则记"太平兴国二年，太宗皇帝以郡县阙
官颇多，放进士几五百人，比旧二十倍"。[27] 科举取士之风虽已
渐盛，种放却并不以此途晋身，一说他举进士不第才退隐。[28]
开宝八年（975）的状元王嗣宗，和种放便发生冲突。《涑水记
闻》说有一次种放叫自己的侄儿出拜嗣宗，嗣宗坐而受拜，"放
怒，嗣宗曰：'向者通判以下拜君，君扶之而已；此白丁耳，嗣
宗状元及第，名位不轻，胡为不得坐受其拜？'放曰：'君手搏
状元耳！何足道也？'"[29] 原来开宝八年（975）的那一场殿试，
王嗣宗和陈识同时交卷，太祖便叫他们手搏决胜负，嗣宗得胜，
因此做了状元，[30] 种放看不起王嗣宗，说他是"手搏状元"，反
映出五代尚武之风未替，而宋初崇文政策方兴的过渡期的一场
冲突。《长编》也记载了真宗和王旦的对话，"上因言开宝中举
人陛见，有以武勇求较胜负，王旦曰：'太祖英武……科场无艺
者往往以挽强善骑自陈，太祖勉从之。'"[31] 王旦的话既是替太
祖解释，但也揭示出宋初像王嗣宗这样的人也许不在少数。太
祖朝的科举能不能取真人才是很有问题的，到了太宗朝，大量
放人入仕，又有滥进之嫌，但无论如何，其政策在鼓励文儒之
士，则可不必怀疑。

　　朝廷中，自五代以来，有张昭"专笔削典章之任"，[32] 赵
普"寡学术，及为相，太祖常劝以读书"。[33] 一般士人，笃学而

成名者甚多，最显著的例子如贾黄中的父亲"每旦令立正，展书卷比之，谓之'等身书'，课其诵读。……父常令蔬食，曰：'俟业成，乃得食肉。'十五举进士"。[34] 许骧的父亲许唐"尝拥商资于汴、洛间，见进士缀行而出，窃叹曰：'生子当令如此！'因不复行贾，卜居睢阳，娶李氏女，生骧，风骨秀异，唐曰：'成吾志矣！'郡人戚同文以经术聚徒，唐携骧诣之"。[35] 丁度的祖父藏书至八千卷，又说"吾聚书多矣，必有好学者为吾子孙"。[36] 以上都是五代北宋之际尚文之风逐渐抬头的明证。

在宋初，与种放约略同时成名的有杨徽之、柳开和王禹偁等人。杨徽之家有藏书，他的外孙宋绶和从孙杨亿，都有文名，宋绶得到他的藏书，杨亿少年成名，亦与种放同时。[37] 柳开师法韩愈，是欧阳修之前古文运动的先驱，《渑水燕谈录》说他"以高文苦学为世宗师，后进经其品题者，翕然名重于世"。[38] 王禹偁也很早成名，"太宗方奖拔文士，闻其名，召拜右拾遗直史馆，……上尝称之曰：'王禹偁文章，当今天下独步。'"[39] 徐规《王禹偁事迹著作编年》对有关史料引征甚详。[40]

种放在这些文人中，居于什么位置？前面提过杨亿讽刺他为"不把一言裨万乘，只叉双手揖三公"，关系似乎不好。王禹偁则和钱若水、宋湜一起推荐种放，但未见有何密切交往。至于柳开，据邵伯温《邵氏闻见录》所记，名臣李迪本来也是种放的学生，后来要应试了，便由种放写了一封推荐书给柳开，李迪于是见知于柳氏。[41] 然而种放和这些文人的最大分别，仍在于他是以隐士之名而得到器重的。夏竦有诗说他"道因闲上得，名向隐中高"。[42] 但种放是否有意惊世自重，求得大用呢？宋人对此有不同说法，有的显然是有意诋毁的，[43] 不过也反映

出种放所走的途径不同。宋初既重文儒，收图书，实三馆，科
举取士，士人间亦以读书为重，次第仕进，种放却反而避居深
山，可见不走一般途径。到真宗时，连他这样的人也肯应召出
山，出入朝廷了，这可说是宋室崇文政策的进一步成功。同时
受到注重的还有隐士魏野，不过他没有出山。[44]由此言之，种
放的受到特殊优待，其他文士对他的不满，都是不足为奇的了。

　　种放的作品有《蒙书》《嗣禹说》《表孟子上下篇》《太一祠
录》等，也好诗作，[45]《湘山野录》中便有他的作品，[46]他的
学生有杨偕、李迪、陈尧佐、张荷、刘㻋等。[47]

　　种放晚年因赐予丰厚，遂多置田产，盛饰冠服。《涑水记
闻》说："真宗待以殊礼，名动海内，后谒归终南山，恃恩骄倨
甚。"[48]《宋史》本传也记载他"晚节颇饰舆服，于长安广置良
田，岁利甚博，亦有强市者，遂致争讼，门人族属依倚恣横。
王嗣宗守京兆，放尝乘醉慢骂之，嗣宗屡遣人责放不法，仍条
上其事。……然犹往来终南，按视田亩。每行必给驿乘，在道
或亲诟驿吏，规算粮具之直，时议浸薄之"。[49]他购下了这许
多田产，使种家变成关中的大地主，"于长安广置良田，岁利甚
博"，则知他买田来图利；"亦有强市者"，恃势兼并，甚至用官
方驿乘去巡视私家的田亩。本传中提到"门人族属依倚恣横"；
前面提到种放叫诸侄拜见王嗣宗，这些"族属""诸侄"也许就
包括了种世衡在内，因为种放不娶，没有儿子，而世衡少时就
跟随他。[50]后来种世衡动辄用钱来收买人，又在青涧城贷官钱
办商业，与出身于暴发户子弟的背景，未必没有关系。不过无
论如何，种放的广置良田，使种氏一门拥有较好的经济条件，
后来种世衡甚至把汝州的田产让给姓张的人，[51]种师道致仕后

仍然住在终南山,在《责官谢表》中又自称"南山旧族",[52] 南宋时有"豹林"种氏之称,[53] 指的是终南山豹林谷,反而祖籍洛阳却不见有何重要的活动,似乎种氏已成为关中的世家。

至于军事上,种放似乎没有留下多少可以资藉的。当然,他给真宗的十三篇时议中,也有"议文武""议军政"两篇,[54]但不知有何独到见解。他其中一个学生杨偕,则对于兵器设计颇有所成,据说兔毛川之捷,就是运用了他设计的破阵刀。欧阳修写的《杨偕墓志》,说他"少师事种放学问,为文章长于议论,好读兵书,知古兵法,以谓士不兼文武,不足任大事",[55]大概他的兵法,未必是种放所授,他跟种放学的主要是学问和文章之类。

种放曾谏真宗不要幸长安。这件事《宋史》本传不载,《东都事略》则有以下的言论:"陛下幸长安,有不可者三:陛下方以孝治天下,翻事秦汉,侈心封禅群岳,而更临游别都,久弃宗庙,于孝为阙,其不可者一也;百司供拟,顿伏事烦,晚春蚕麦已登,深费农务,其不可者二也;精兵重臣,扈从车跸,京国一空,民心无依,况七庙乎?"[56] 似乎很有些见解。当然,以上的话大抵符合强干弱枝政策,并非什么独到之见;另一方面,未必没有保护自己在长安的农田,不想官家骚扰之意。

综观种放的一生,其实没有什么气节高尚之处。他早年隐居,一面教授生徒,虽然一再推辞朝廷的征召,但赐来的金帛则好像没有推辞。除了学问和事母有孝道之外,乏善足陈。他做了官以后,虽有谏议,但也不见有何突出之处。晚年他在长安广置良田,成为大地主,门人子弟横行关中,更没有什么可以称道。不过,他受到重视,毋宁说是因为他隐居多年,颇有声誉，朝廷则推行崇儒政策，于是对他大为宠遇，优渥备至。张齐贤在推荐他时已明白指出"隐居求志，孝友之行可厉风俗"，[57] 所以才召他出山。因此种放的出山，意味着宋初奖拔文士政策的又一成功，隐居深山的隐士也替朝廷做官了，凸显朝廷文治意图，东封西祀，将为天下带来太平。

然而自景德元年（1004）澶渊之盟至宝元二年（1039）李元昊之叛不过三十五年，太平并不长久，宋室又陷入战争之中，种氏子弟在百年间三代为将，屡总戎师。邵伯温说种放"不娶，无子。自其侄世衡至今，为将帅有声"。[58] 但同时又记："先是希夷（陈抟）为明逸卜上世葬地于豹林谷下，不定穴。既葬，希夷见之言'地固佳，安穴稍后，世世当出名将。'"[59] 竟以风水之说来解释，固不足论，但亦可见种家子弟由文转武的现象受到注目了。

注　释

[1] 脱脱，《宋史》（北京：中华书局，1977 年）卷四五七《隐逸上·种放传》，页 13422；但也有不同说法，王辟之《渑水燕谈录》（北京：中华书局，1981 年，标点本；与欧阳修《归田录》同本）卷四"高逸"，页 46："种放明逸，少举进士不第，希夷先生（陈抟）谓之曰：'此去逢豹即止，他日当出于众人。'初莫谕其意，故放隐于南山豹林谷，真宗召见，宠待非常，拜工部侍郎，皆符其言。"

[2]《宋史》卷四五七《隐逸上·种放传》，页 13422，"未几父卒，数兄皆干进，独放与母俱隐终南豹林谷之东明峰"；又页 13424："（景德）三年，以兄丧请告归终南营葬"；页 13427 则谓"录其侄世雍同学究出身"；卷三三五《种世衡传》，页 10741 又说"以放荫补将作监主簿"，可见世雍、世衡均以放荫而不用父荫。

[3] 同注 1，《宋史》页 13424。

[4] 夏竦《文庄集》，收入《四库全书珍本》（上海：商务印书馆，1934 年）初集，册一二零五至一二零六，卷三二，页 4《喜种隐君授正言直馆》诗便称他为"种隐君"。

[5] 丁传靖《宋人轶事汇编》（北京：中华书局，1981 年）所引的十二种著作包括《玉照新志》《渑水燕谈录》《邵氏闻见录》《东轩笔录》《湘山野录》《玉壶清话》《贵耳集》《（宋朝）事实类苑》《宋诗纪事》《诗话总龟》《谈苑》和《居易录》。此外，如《事文类聚》前集卷三九载欧阳修《归田录》佚文、王栐《燕翼诒谋录》卷四和司马光《涑水记闻》卷六，都有关于种放的记载。王称《东都事略》卷一百十八有种放传，彭百川《太平治迹统类》卷二十七"累朝任用逸民"一目有种放的事迹，杨仲良《续资治通鉴长编纪事本末》卷二二有"种放出处"一目。（以上各书之出版资料俱见参考书目，

及在下一次引用时始行标出。）

[6] 参见《宋史》卷四五七本传；王称《东都事略》，收入赵铁寒编《宋史资料萃编》（台北：文海出版社，1967年）第一辑，卷一百十八《种放传》；彭百川《太平治迹统类》（台北：成文出版社，1966年）卷二七"累朝任用逸民"；《长编本末》，收入赵铁寒编《宋史资料萃编》（台北：文海出版社，1967年）第二辑，卷二二"种放出处"一目。

[7] 同注1，《宋史》，页13427。

[8] 释文莹《湘山野录》（上海：有正书局，1917年）卷上，页3。又见注43，杨亿《杨文公谈苑》对种放的记载亦颇有诋毁之意。

[9] 《宋人轶事汇编》卷五，页184。

[10] 《渑水燕谈录》卷四，页45。

[11] 同注1，《宋史》，页13424："命馆阁官宴饯于琼林苑，上赐七言诗三章，在席皆赋。"页13424又载景德二年那一次去嵩山，"召对资政殿，曲宴学士院，王钦若洎当直学士、舍人、待制悉预。既罢，又赐宴于钦若直庐。表乞免都门置饯之礼。……三年，以兄丧请告归终南营葬，复召宴赐诗。"页13426又载大中祥符二年那次归山："宴饯于龙图阁，命学士即席赋诗，制序。上作诗，卒章云：'我心虚伫日，无复醉山中。'初，放作诗尝有'溪上醉眠都不知'之句，故及之。"可见每次送行，都甚为优礼。

[12] 同注8。

[13] 同注7。

[14] 见注56所引《东都事略》。

[15] 欧阳修《欧阳永叔集》，收入《国学基本丛书简编》（上海：商务印书馆，1936年），表奏书启四六集，页111。

[16] 宋敏求《春明退朝录》（北京：中华书局，1980 年，标点本；与范镇《东斋记事》合册）下，页 49。

[17] 李攸《宋朝事实》（北京：中华书局，1955 年）卷三，页 37。

[18] 李攸《宋朝事实》（北京：中华书局，1955 年）卷三，页 37。

[19]《宋史》卷二八七《陈彭年传》，页 9664—9665。

[20] 太祖建隆初年有图书一万二千余卷，见《文献通考》，《十通》本，收入《国学基本丛书》（台北：新兴书局，1965 年）卷一百七十四经籍一，页 1508 上；杨万里《挥麈录》，收入《历代小史》卷四三，1940 年商务印书馆据涵芬楼影印明印本，页 7 亦同；李焘《续资治通鉴长编》，收入杨家骆主编《中国学术名著》第三辑、《国史汇编》（台北：世界书局，1964 年）第一期书，内有黄以周《续资治通鉴长编拾补》（以下简称《长编拾补》）（中华书局在 1979 年出版标点本，因只有六册，未敷使用，本文凡不另加注明之处，均用世界书局本。）卷一九二，页 6，嘉祐五年（1060）八月壬申诏："国初承五代之后，简编散落，三馆聚书才万卷，其后平定列国，先收图籍。"《宋会要辑稿》（北京：中华书局，1957 年）崇儒四，页 2237。陈乐素《宋初三馆考》一文，认为宋太祖平诸国后共得书八万卷之说有疑问，见《图书季刊》卷三第三期，页 107—116。

[21] 同参见《文献通考》《挥麈录》。

[22] 洪迈《容斋随笔》（上海：上海古籍出版社，1978 年）五笔，卷七"国初文籍"，页 884。

[23] 王栐《燕翼诒谋录》（北京：中华书局，1981 年，标点本；与王铚《默记》合册）卷一，页 1。《宋会要辑稿》选举一所载，太祖朝每年取进士不过数人至十数人，见页 4231；唯开宝八年"合格奏

名进士王式已下二百九十人",而《文献通考》则载"得王嗣宗等

三十六人",见卷三十选举三,页 284 中。

[24] 同上,《宋会要辑稿》。

[25]《文献通考》卷三十选举三,页 285 下。

[26]《文献通考》卷三十选举三,页 286 上。

[27]《燕翼诒谋录》卷一,《文献通考》又记太平兴国二年,"得吕蒙正

以下一百九人。越二日,覆试,诸科得三百余人,并赐及第。又

诏礼部阅贡籍,得十举以上至十五举进士,诸科一百八十余人,

并赐出身。九经七人不中格,亦怜其老,特赐同三传出身,凡

五百余人"。同注 25,页 284 下。

[28] 同注 1。

[29] 司马光《涑水记闻》(台北:世界书局,1969 年;与赵彦卫《云麓

漫钞》合册)卷六,页 55。

[30] 王明清《玉照新志》,《学津讨源》本,收入《百部丛书集成》(台

北:艺文印书馆,1965 年)卷四,页 19;《涑水记闻》卷三,说

对方是赵昌言,王明清已辨其误。《宋史》卷二六七《赵昌言传》,

页 9195 说赵是太平兴国时才登第,非太祖朝的进士,当从王

明清。

[31]《长编》卷八二,页 12。

[32]《宋史》卷二六三《张昭传》,页 9091。

[33]《宋史》卷二五六《赵普传》,页 8940。

[34]《宋史》卷二六五《贾黄中传》,页 9160。

[35]《宋史》卷二七七《许骧传》,页 9435。

[36]《东都事略》卷六三《丁度传》,页 947。

[37]《宋史》卷二九一《宋绶传》,页 9731;卷三百五《杨亿传》,

页 10079。

[38]《渑水燕谈录》卷三"知人"，页 27，甚至说他可以猜中孙何和孙
    仅登第。

[39]《涑水记闻》卷三，页 23。

[40] 徐规:《王禹偁事迹著作编年》(北京:中国社会科学出版社，
    1982 年)。

[41] 邵伯温《邵氏闻见录》(北京:中华书局,1983 年，标点本)卷七，
    页 67:"李文定公迪为学子时，从种放明逸先生学。将试京师，
    从明逸求当涂公卿荐书，明逸曰:'有知滑川柳开仲涂者，奇才善
    士，当以书通君之姓名。'文定携书见仲涂，……因留之门下。"

[42]《文庄集》卷三二，页 4:"喜种隐君授正言直馆":"鹤版招幽士，
    龙墀袭茜袍。道因闲上得，名向隐中高。密地栖芸阁，清涂历谏
    曹。终南明月夜，松桧自萧骚。"

[43] 见注 9，又《宋朝事实类苑》卷四二引《杨文公谈苑》说:"宋惟
    幹为陕西转运使，表荐之，太宗令本州给装钱三万，遣赴阙，量
    其才收用。放诣府受金，诏行。素与张贺善，贺适自秦州从事公
    累免官，居京兆。放诣贺谋其事，贺曰:'君今赴阙，不过得一簿
    尉耳。不如称疾，俟再召而往，当得好官。'放然之，即托贺为奏
    草，称疾。"将种放形容为欲得好官而隐居的人，《杨文公谈苑》
    的作者正是杨亿，故不可尽信。《长编》卷三三，页 5，淳化三年
    八月壬戌记载此事时加一小注:《谈苑》载放事与国史不同，今从
    国史。"其实李焘只是不采这一段，其他事迹亦有与杨亿记载相同
    的。大抵这一条过于诋毁，故《长编》不取。

[44]《宋史》卷四五七《隐逸上·魏野传》，页 13430。

[45]《宋史》卷四五七《种放传》，页 13424。

[46]《湘山野录》卷上，页7A："种少时有'潇湘感事'诗，曰：'离离江草与江花，往事洲边一叹嗟。汉傅有才终去国，楚臣无罪亦沉沙。凄凉野浦飞寒雁，牢落汀祠聚晚鸦。无限清忠归浪底，滔滔千顷属渔家。'"

[47] 欧阳修《欧阳永叔集》四"墓志"页33"翰林侍读学士右谏议大夫杨公墓志铭"："公少师事种放为学问，为文章长于议论。"《邵氏闻见录》卷七，页67："李文定公迪为学子时，从种放明逸先生学。"《宋史》卷二八四陈尧佐传，页9583："初肄业于锦屏山，后从种放于终南山。"《渑水燕谈录》卷六，页71："青州寿光张荷若山，早依田告为学，告卒，入终南，师事种放。"同书卷四"高逸"门，页50："刘孟节先生桀，青州寿光人，少师种放。"

[48]《涑水记闻》卷六，页55。

[49] 同注1，《宋史》，页13426—13427。

[50]《邵氏闻见录》卷七，页70。关于世衡早年事迹不详。范仲淹"东染院使种君墓志铭"，见《范文正集》（上海：商务印书馆，1919年）卷十三页17A："季父放，……君少孤，依之，服勤左右。"

[51] 董弅《闲燕常谈》，收入《历代小史》卷五三，页1A："张昌言初与种世衡善，及持父丧，世衡遗以汝州田十顷，辞弗受。使者在途而世衡卒，乃以还其子诂。诂遵父命不承，田遂芜废者三十年。元丰中，邻人告官，移文二家，旨弗取。郡守刘斐言诸朝，愿以田给州学，朝廷嘉之，卒还种氏。昌言名闻，位至给事中，夫世有争邻畔跬步之田，至相纷竞甚者，兄弟宗族斗讼谛不肯已，遂为世仇者，亦闻种张之事乎？"

[52]《宋史》卷三三五种世衡传附种师道传，页10751—10752："金人南下，趣召之，……师道方居南山豹林谷，闻命即东。"可见种师

道也在豹林谷居住。

[53] 陆增祥《八琼室金石补正》（台北：文海出版社，1967 年）卷
     八三，页 23 "刘意彦等题名"："□□刘意彦至，豹林种□□□思
     皆以职事趋郡，遇故人江西李尚义宜仲还自固"，页 24 有"季春，
     初六日慎思题"字样；同页另条"李宜仲等题名"："李宜仲率刘
     意彦至，种慎思游"，则知种慎思与"豹林种□□□思"应为同一
     人。慎思是字，其名亦两字，但未知为何。

[54] 同注 1,《宋史》，页 13427。

[55] 见注 47，欧阳修所撰《杨偕墓志》。

[56]《东都事略》卷一百十八本传，页 1820 ;《湘山野录》卷上，页
     4B—5A 略同，似为《东都事略》所本。

[57] 同注 56,《东都事略》。

[58] 同注 50,《邵氏闻见录》。

[59] 同上，又据《东都事略》卷一百八《陈抟传》，页 1819，陈抟死
     于端拱二年（989），真宗还没有登位，种放更未出山，怎能看见
     种放下葬？类似的附会之说不少：如魏泰《东轩笔录》（北京：中
     华书局，1983 年，标点本）卷二，页 16 则说陈抟已看出他"官
     至丞郎"；赵善《自警篇》，收入《历代小史》卷六八，页 22 更
     载陈抟看出他"他日必白衣谏议。然名者，古今之美器，造物者
     深忌之，天地间无全名，子名将起，必有物败之，子其戒哉！"
     就更属于后人的附益之辞了。

第二章 论宋人选将之难与种世衡的成名

康定元年（1040），宋夏战争方兴未艾，种世衡当时是鄜州的判官，建议筑青涧城，完工之后，朝廷改命他为内殿承制知青涧城。所谓内殿承制，是武臣中"使臣"的最高一级。他原来的官职是大理寺丞签书定国军节度判官，从此便由文官转为武官。姑莫论他在宋夏战争中究竟有多大功劳，毕竟被当时人视为名将。他和景泰、张亢等人出身类似，都是早年习文，从文官改涉武事，因此成名的。范仲淹、韩琦、庞籍、尹洙、孙沔等人亦以文人知军事，但因为位当路帅，不必亲冒矢石，故不能算武将，与种世衡、景泰他们不同。一般所谓文人知军事，每易以举范仲淹等为代表，然而若深究其意义，就可知这两种人代表的意义略有分别。韩、范等是文人为帅，让任福、葛怀敏等指挥会战，自己只是授予方略，并不在军中；但种世衡、景泰、张亢则亲自指挥会战。[1]文人为帅发挥的是"临制"的作用，而文人为将则甚至取代武将的功能。这种现象的发生，实为种世衡变成武将的关键，故本章着重探讨宋人选将时面对的问题，来分析种世衡的成名。

（一）宋初的用将

种放出山是在咸平五年（1002），这时宋辽战争已接近尾声。在宋辽战争中，宋初的用将之道已经完成了一个重要的转变，就是已经扭转了五代兵强马壮为天子，君弱臣强的局面，[2]但显然由于过分约制将领，产生种种弊端。

太祖凭禁军的支持而做了天子，思革五代武人跋扈之弊，遂有"杯酒释兵权"之举，对藩镇则用赵普"稍夺其权、制其钱谷、收其精兵"的政策。先于建隆二年（961）罢了禁军大将石守信、王审琦、高怀德、张令铎的兵权，次年命诸州除常费外，财悉送都下，方镇阙帅则令文臣权知，又择天下精兵隶属禁军。两年后，湖南入版图，于是置通判；开宝二年（969），又罢了武行德、郭从义、白重赞、杨廷璋等五位节度使。太宗继续执行这个政策，太平兴国二年（977），罢石守信、张永德、向拱、张美、刘廷让、冯继业等七位节度使，同年又下令十八镇节度使支郡隶属京师。太宗初年，可说已渐完成收兵权、罢藩镇之举。[3]

太祖时的宿将多能善终，在"杯酒释兵权"时，太祖提出不如释去兵柄，多积金钱，置歌儿舞女，"为子孙立永久之业"；[4]当然这不等于就是将门，[5]但他们的富贵则无须否认。石守信的长子保兴"世豪贵，累财钜万"，[6]保吉"家多财，所在有邸舍、别墅，虽馔品亦饰以彩缋，好治生射利"；[7]慕容延钊"其子弟授官者四人"；[8]王审琦的儿子承衍做了驸马；[9]崔彦进"好聚财货"。[10]此外又有信奉释老者，韩重赟好佛，[11]张永德以信道术著名，太祖称他为"张道人"，[12]皆以善终。

至于用兵方面，大抵只有最初的几次用得着他们。[13]韩重赟到开宝二年（969）仍指挥嘉山会战，崔彦进直到太宗雍熙北伐时仍在行阵，已是少数例子，[14]岐沟关之败后，太宗再起用刘廷让、宋偓和张永德等旧将，但旋有君子馆的覆师，[15]自此之后，这些禁军宿将便不再在战争中担任方面了。

藩镇当中，诚如聂崇岐所说，大抵无力对抗中央，[16]只有义武的孙行友因有狼山为据点，宋兵于是先取狼山来迫降他，然而孙的举动，不过欲还狼山自固而已，无与太祖决战之意。[17]较成问题的是镇天雄军（魏博）的符彦卿，邵伯温记载太祖叫文臣王佑知天雄军，暗中搜求他的罪证，而王佑不肯。符氏为太宗的姻家，尚且有这种传闻出现。[18]空穴来风，未必无因。《宋史》本传也记载符彦卿晚年累遭贬斥。[19]此外值得一提的便是西北方面，灵武的冯继业被撤藩，而夏州李氏和府州折氏两镇却如故。太宗时李继迁攻灵武，后成西夏一国；而府州折氏则为宋效忠。府州地远而狭，本不必置为藩镇，据畑地正宪所说，府州位于党项与辽之间的楔形地带，遂成为中央政府拉拢的对象，升格为镇。[20]终北宋之世，府州折氏世袭知州，但永安军节度使之名自折御卿之后已不再除授。[21]

除禁军宿将与藩镇之外，宋太祖时备受重视的还有西北各边将。宋人每称美太祖时西北守备之固：以李汉超守关南，马仁瑀守瀛州，贺惟忠守易州，何继筠守棣州，以拒契丹；又以郭进守西山，武守琪守晋州，李谦溥守隰州，以困北汉；又以赵赞屯延州，姚内斌守庆州，董遵诲守环州，王彦昇守原州，以备西北。"其族在京师者，抚之甚厚，郡中筦榷之利，悉以与之。恣其贸易，免其所过征税，许其召募亡命以为爪牙。凡军中事皆得便宜，每来朝必召对命坐，厚为饮食，锡赉以遗之。由是边臣富赡，能养死士，使为间谍，洞知敌情；及其入侵，设伏掩击，多致克捷，二十年间无西北之忧。"[22] 宋人记载了不少这些边将得到太祖信任的事例，如郭进与御龙直的故事，[23]李谦溥与降将刘进的故事，[24] 李汉超娶民女的故事，[25] 等，都反映出太祖对他们之优厚。林瑞翰认为太祖、太宗御将之道不同，也主要针对这方面的情况而言。[26] 虽然太祖在处理事务时显得很信任他们，但他们的官位都不高，太祖也并不怎样擢升他们，甚至有二十年不易其任之说。[27]

王全斌伐蜀，诸将皆受赃，太祖查出之后，加以贬斥，[28]而曹彬虽然和太祖在以往没有深交，但在这一次却因为没有贪赃，得到太祖的格外看重。后来更任他为伐南唐的主将。他被认为是谨厚的人。[29] 反之，禁军宿将、藩镇和西北边将，均非太祖所能大用的人，于是曹彬和潘美就得到重视。下迄太宗朝，仍然如此，此外有田重进，也被认为忠直可靠而得到信任。[30]然而曹彬除了"誓不妄杀一人"外，在军事上乏善足陈；[31] 潘美亦然，近人多相信《杨家将》故事中潘美陷害杨业的说法不无根据。[32] 曹彬的儿子曹玮则颇有战功，他久在西夏，洞知蕃情，三都谷会战，击溃青唐部唃厮啰的大军，威著于边，但他的晚年也受到猜忌而失去兵权。[33] 曹彬一门中，子弟屡起为将，《宋朝事实类苑》中标有"将相世家"一条，就是曹彬，不过曹氏将门自曹玮以后，并无重要的边功，且与宋室有婚姻关系，逐渐脱离军事。[34] 宋夏战争之后继起的将门有从文人转化而成的种氏、景氏、王氏等，武将中又有苗氏、姚氏等将门，曹氏的地位遂不再重要。

此外，将领的另一个重要来源是藩邸。太宗晋邸中曾收畜了不少骁猛之士，后来比较著名的有高琼、王继升、王昭远父子、周莹、戴兴、安忠、王超、傅潜、王汉忠、张凝、耿全斌、王荣、葛霸、石普等，[35] 然而周莹、傅潜、王超等虽受重用，终以庸懦见轻，[36] 其中以石普较有战功，高琼在高梁河之败时受命收兵，澶渊之役中拥真宗渡河，稍见其功。[37] 大抵藩幕中得信任的未必有才能，真宗时，张凝、耿全斌等曾在河北与辽人作战，虽无大胜，亦无劣迹，周莹被太宗认为不够持重，王超则"临军寡谋，拙于战斗"，傅潜更成为众矢之的。[38] 不过藩邸中也出过一些将门，最重要的是高琼，他的儿子高继勋有"神将"之称，高继宣也参与宋夏战争的麟府之役，[39] 高琼的孙子高遵裕，是元丰伐夏的五将之一，不过高遵裕之成为主将，同时由于是外戚，《宋史》也将他列入外戚传，而不附入高琼的传中，是一特例。[40] 此外有王昭远父子，三代都曾事于藩邸，太宗也很称赞他的将才，但未见他到底有何表现，[41] 王超有个儿子王德用，也很负盛名，王超也自认为"王氏有子矣！"[42] 不过王德用得士卒心，遂受猜忌，甚至被说成"貌类艺祖"，李元昊叛宋时他请缨自将，又得不到批准，未能一试于戎阵。[43] 总以上所提及宋初重要的武将，或其本身就是被制裁的对象，受扶植的又未见有何过人之处，稍有威望者又旋受制裁，如何选用大将，可谓困难重重。

（二）有关文人知军事的一些探讨

国初诸将正处于此起彼落的状况中时，北宋对外战争却不断进行。太平兴国二年（977），太宗攻下太原，随即北上幽州，受挫于高梁河；辽兵南侵，又败宋兵于瓦桥关。雍熙三年（986），太宗大举北伐，曹彬先败于涿州，杨业继败于陈家谷，刘廷让复败于君子馆，"死者前后数万人，缘边疮痍之卒不满万计，皆无复斗志"。[44] 真宗时高阳关之战，康保裔败殁；望都之战，王继忠被擒。[45] 景德元年（1004），辽兵大举南下，于是缔结了澶渊之盟。在此期间内，宋兵虽不乏战胜的记录，但常不能说是由于用将的成功。开宝二年（969）何继筠和太平兴国四年（979）郭进的两次石岭关战役，辽兵地形不利，而何、郭二人都属守边之将，郭进在战后且被监军田钦祚逼死。[46] 雄州之胜的主将何承矩，是何继筠之子，因主动诱敌，反被认为轻率。[47] 杨业破辽兵于雁门，号称奇捷，但他是北汉降将，并非有意培植的人，终以招忌陷敌。[48] 折御卿子河大捷，太宗连战场的地图也是事后才叫送来看的，畑地正宪形容这场战役使太宗"竟难以判断其真伪"；[49] 尹继伦徐河之捷，澶渊之盟前宋兵射杀萧挞览都是突发事件。[50] 雍熙北伐时田重进大捷于飞狐，擒辽将大鹏翼。他是以上提及屡次战胜的主将中独受太宗赏识的，但据《长编》所记，战役中的主要动作，都由部将荆嗣负责，常征在《杨家将史事考》一书中甚至认为杨业也有参与这一战。[51] 大抵田重进是方面主将，许多功劳都归入他的名下。此外，可注意的便是土墱寨之捷，张齐贤在陈家谷败后出知州，当他得知辽兵南下而潘美不来救时，便设伏兵虚张声势击退敌人。[52] 张齐贤是文人，他的土墱寨之捷是早期文人知军事的战迹之一。[53] 反之，受重视的曹彬，及认为可收幽蓟的曹翰，却无战胜辽人的战役；而潘美北伐的战功，或亦由攘夺杨业所得；[54] 唯满城

一战，赵延进等人违反太宗的阵图，反而获胜。[55] 阵图的颁布，
往往使诸将不能尽展所长，宋人已多加批评。[56] 由以上战迹的
分析可见，宋初对武将的防范，固有其所以然的背景，但于事
功方面，并不成功。

王君玉《国老谈苑》说太祖讨李筠时，已有万一不胜，叫
赵普分兵河阳，"别作一家计度"的打算，但未成为事实。宋辽
战争中诸将屡败，李继迁势力又坐大，文人知军事之说遂出。
至道三年（997）九月，孙何上"五议"，其一即为参用"儒
将"，建议"陛下于文儒之中，择有方略之士，试以边任委之，
勿使小人挠其权，阃外制置，一以付之。……监阵先锋之类，
悉任偏将，受其节度，文武参用，必致奇绩"。[57] 真宗咸平二年
（999），钱若水主张"故必择大臣领近镇，提重兵，以专阃外
之事。有警则督战，已事则班师，既无举兵之名，又得驭兵之
要"。[58] 赵安仁又上五事，其中一项又是"选将略"，说"昔郤
縠将中军，敦诗书说礼乐；杜预平吴，马上治《春秋》。……太
祖太宗亲选天下士，今存中外不啻数千人，其间知兵法可为将
者，固有之矣"。[59]

然而宋人既不敌勇悍的契丹，为何反而用文人为统帅？这
和以文臣出任节镇和知州不同，后者是对内统治的范畴，而用
兵则不能如此。宋初的压抑武人，本为了防止外重内轻，君弱
臣强，也就是维持纪纲，王旦对真宗说："太祖朝边臣横恣，或
得一儒臣，稍振纪纲，便为称职。"[60] 就把这个意思阐发了出来，
后来欧阳修批评许怀德"武臣骄慢，亦自此而始，号令不行于
下，纪纲遂坏于上"，[61] 仍然看得很重。不过若说宋室为了维持
纪纲，明知文人没有军事才能，也要起用他们参与军事，甘冒

失败的危险而不顾，也说不过去。孙何所主张的是在"文儒之中，择有方略之士"；钱若水认为："盖先为万全之计，使不能胜，此善用兵者也。夫战守不同心，将不能料敌，重兵在外轻兵在内，则今之患也。臣愿陛下选智谋可以任边郡者，听召壮士以为部曲，……如是同心，将能料敌，则在外者皆轻兵"。[62]他主张用有智谋的人，而他没有指明是文人还是武人，总之他赞成用有智谋的人。赵安仁则说："盖儒学之将，则洞究存亡，深知成败。求之当今，亦代不乏贤，太祖太宗亲选天下士，今存中外不啻数千人，其间知兵法可为将者，固有之矣"。[63]他们三人都主张用有方略、智谋之士，赵氏更分析儒将洞究存亡，深知成败，肯定其价值在这一方面，文人代替武人的可能性亦因之成立。

宋初文人知军事者，除张齐贤外，有王钦若、赵昌言、柳开、张咏、向敏中和郑文宝等。王钦若在澶渊之役中知天雄军，指挥守御，虽然险象环生，但魏城终于得以保全；[64]赵昌言在澶渊之盟后，真宗亲自指派十一名"宜得有武干善镇静者"出守河北，他和冯起是文臣，其他九位是武臣。[65]他曾受命讨蜀寇，但后来朝廷听信谗言，命他驻节凤翔，未能入蜀。[66]柳开知宁边军，结辽将白万德，企图奇袭幽州。[67]他本人据说懂得剑术，即使不在军中，也常带剑在身。另一位据说也会用剑的文人张咏，亦曾平蜀乱。[68]向敏中在真宗澶渊之役时，尽付西鄙，便宜行事。[69]郑文宝为陕西转运使，打算结蕃部酋长行刺李继迁，《宋史》本传说他"好谈方略，以功名为己任，久在西边，参预兵计，心有余而识不足"，甚至武将王汉忠也说他好生事。[70]以上各人大都在宋辽战争结束前后，而李继迁势力方张之时参与兵事。此外又有钱若水、宋琪和索湘，也以知兵称著，[71] 钱、宋二人均亦作弭兵之说，但其军事见解往往颇有见地。此外又有辛仲甫，甚至以弓箭称著。[72]

在宋辽战争中，北宋文人常持弭兵之说，如赵普、李昉、张齐贤、田锡、张洎、赵孚、王禹偁、钱若水等人都作此论，[73] 但弭兵是双方的事，因此在澶渊之盟前，他们并没有一味地鼓吹不要作战，而是常接触作战的问题，张齐贤甚至有土磴寨之捷的战绩。最基本的一点，在于弭兵论虽然反对战争，但其实已在讨论战争，反而开了讨论战争之风。宋琪在雍熙北伐前上的一奏主张通盟结好，但同时却详细地讨论了进兵的路线和双方的战术；[74] 到雍熙北伐失败后，赵孚主张讲和，但张洎、王禹偁主张固守，张建议分河北为三王镇，整顿军纪；[75] 王禹偁在"御戎十策"中主张三路专委将臣，罢小人，行间谍，以夷攻夷；[76] 而田锡初时认为边将起衅召戎，但后来也认为边臣行事，不能没有自己的心腹爪牙。[77] 咸平时（998—1003）傅潜坐逗留之罪，冯拯便上言诸防狄大军分作三阵：唐河增至六万人，据定州之北结为大阵；邢州置都总管为中阵；天雄军置钤辖为后阵。[78] 连结阵的地点也考虑到了，可见宋初文人虽有弭兵之说，但关心武事的大不乏人，许多甚至就是主张弭兵的人。

钱若水在文臣中称为知兵，他可说能够将宋初对诸将的制约、弭兵论和文人知军事的关系阐发明白。他认为："臣望陛下思兵者凶器，战者危事，不可倒持镆邪，授人以柄，……臣尝见严尤论自古御戎无得上策，臣窃笑之，以为王者守在四夷，常获静胜，此上策也，曷谓无哉？"[79] 这自是弭兵的主张。他又说："盖先为万全之计，使不能胜，此善用兵者也。夫战守不同心，将不能料敌，重兵在外轻兵在内，则今之患也。陛下选智谋可以任边郡者，听召壮士以为部曲，……如是同心，将能料敌，而在外者皆轻兵矣。然无以统众则不能用众，无以制胜则不能胜敌，故必择大臣领近镇提重兵，以专阃外之事。有警则督战，已事则班师，既无举兵之名，又得驭兵之要。"[80] 他的主张并不纯然针对边患，"而不倒持镆邪，授人以柄"和"重兵在外轻兵在内"两句话已明白说出防范武人的意思，正合符宋初收兵权、罢藩镇，强干弱枝的国策。他务欲改变重兵在外轻兵在内的局面，办法是选用智谋的边臣，以大臣提重兵居内镇，这就将文人知军事与强干弱枝拉上关系，都是为了制御边将。至于有智谋的边将，却没有说明是文人还是武人，他提出太祖用郭进等边将，"但得缘边巡检之名，不授行营部署之号，率皆十余年不易其任，立边功者厚加赏赍，其位或不过观察使。位不高则朝廷易制，久不易则边事尽知"。[81] 一方面可得御边之效，另一方面又顾全了国策，由此可见他的名气当非浪致。不过这个主张提出来时，宋辽战争已近尾声了。

由上所论，在太宗、真宗之世，文人知军事不但事实上已开始推行，在理论上也得到肯定了。

（三）儒将的作战手段与种世衡的成名

张齐贤在土磴寨之战中运用疑兵，虚张声势把辽兵逐退；柳开在宁边军，透过间谍联络了辽将白万德，企图袭取幽州；郑文宝则打算利用酋长嵬啰嵬悉俄计图李继迁，这些行动都属于间接手段，企图用会战之外的其他手段来取胜。[82] 这些记载固有过于美化的可能，但亦可说明文人喜欢用计谋来打仗，才会有这些记载，夏竦自称"无他智术，但忆黄卷中一两事"，[83]便是此意。此外，有两位武将之子，染习了文儒之风后，也常有以计谋作战的记载，一个是何继筠之子何承矩，一个是李谦溥之子李允则。何承矩"颇以文雅饰吏治"，在雄州之战，他主动诱击辽兵，后来又有日至城北，吟咏蓼花，而实欲巡视塘泊的欺敌之举。[84]李允则似乎未经大战，他在雄州任内，全凭奇计和间谍来与辽人周旋。[85]固然，间谍和奇计并非儒将所专有，但冲锋陷阵既非文人所长，自易以间接手腕为主要的作战手段。

"以夷制夷"就是间接手段的一种重要观念，郑文宝利用蕃酋来计图李继迁，[86]李继迁终于为宋人指使的吐蕃酋长潘罗支突击而败死。[87]但"以夷制夷"在宋辽战争中似乎并不很受重视，田锡曾上奏说"狄中自有诸国，未审陛下曾探得凡有几国否？几国与匈奴为仇？若悉知之，可以用重赏，行间谍，间谍若行，则戎狄自乱；戎狄自乱则边鄙自宁"；[88]王禹偁也认为"今国家西有赵保忠（李继迁）、折御卿，为国心腹，亦宜敕此二帅，率麟、府、银、夏、绥五州，张其掎角，声言直取胜州，则敌人惧而北保矣。此实不用，但张其势而已"。[89]这就是他的"以夷攻夷"之说，但他又主张"此实不用"，可见他仍未将"以夷制夷"看成主要策略。李继迁崛起时，郑文宝主张用豪酋，李继和提议招吐蕃六谷部酋长潘罗支，张齐贤亦继有此主张，请授潘罗支节钺。景祐元年（1034），潘罗支一击成功，李继迁因此而死。[90]宋人"以夷制夷"策略遂获得一次成功。

到李元昊举兵时，议者又欲重贿唃厮啰，使讨元昊。[91]唃唃厮啰是吐蕃青唐部大酋长，是吐蕃瓦解后河湟一带最大的势力。曹玮守边时已主张厚结他来制服西夏，但因为他求赞普之号，为曹玮所反对而作罢。[92] 然而元昊既叛，范雍、刘平、夏竦都继续主张连结唃厮啰。[93] 宝元元年（1038），朝廷加唃氏为保顺军节度使邈川大首领，及宋兵屡衄，朝廷派刘涣出使，敦促唃氏出兵，唃氏与诸酋长盟誓效忠，但终于没有建立大功。[94]

然而无论如何，元昊举兵以来，宋兵屡战屡败，陈执中说"元昊乘中国久不用兵，窃发西垂，以游兵困劲卒、甘言悦守臣"；[95] 王尧臣则指出"皆为贼先据胜地，诱致我师，将佐不能据险击归，而多倍道趋利，方其疲顿，乃与生兵合战：贼始纵铁鹞子冲我军，继以步奚挽强注射，锋不可当，遂至掩覆"；[96] 叶清臣批评当时"小有边警，外无骁将，内无重兵，举西北二垂观之，若濩落大瓠，外示雄壮，其中空洞，了无一物"。[97] 可谓批评得非常严厉。然而就兵力而论，夏竦认为"东兵虽魁硕，大卒不能辛苦，而摧锋陷阵，非其所长"，[98] 建议用土兵代替，为杨偕所反对。杨偕就是种放的学生。他认为只要将领得人，东兵亦可破敌。[99] 韩琦、范仲淹、田况、欧阳修、王尧臣都强调将领的重要，[100] 韩、范认为"显是军气强弱，系于将校"；[101] 邵亢也说"用兵在于择将"；[102] 余靖认为"兵之勇怯在乎将"；[103] 王尧臣批评泾原路"虽兵马新集，全未训练，儒生又多选懦"，[104] 可见将领的一大重要工作是练兵，凭才能去补救兵制的不良。[105] 范仲淹主张练兵，不与西夏大战，"一二年间，训兵三四万，使号令齐一，阵伍精熟，又能使熟户蕃兵与正军参用，则横山一带族帐可以图之"。[106] 夏竦在"陈边事十策"中也主张招纳羌户为藩篱，[107] 贾昌朝认为"熟户者，边垂之屏翰也。……臣请陕西缘边诸路，守臣皆带'安抚蕃部'之名，择其族大有劳者为酋帅，如河东折氏之比，庶可为吾藩篱之固也"。[108] 司马光后来对蕃部的价值有一评估："国家承平日久，人不习战，虽屯戍之兵，亦临敌难用。惟弓箭手及熟户蕃部皆生长边陲，习山川道路，知西人情伪，材气勇悍，不惧战斗，从来国家赖以为藩篱。"[109] 可见蕃部被认为可以改进宋兵的战斗力。

在招蕃部策略中，种世衡的表现常受宋人称誉。他在青涧城时"间出行部族，慰劳酋长，或解与所服带。尝会客饮，有得蕃事来告者，即予饮器，繇是属羌皆乐为用"。[110] 范仲淹推他为使用蕃兵的第一人，[111] 这未免过许，曹玮守边时已有蕃兵，[112] 即以世衡本人来说，《长编》记载"无定河蕃部钞边，率属羌讨击，前后斩首数百"，[113] 这里是指种世衡在青涧城的事迹，而范仲淹所指的则是定川之战后种世衡在环州点蕃兵出援泾原的一次，[114] 时间后于青涧城事。

他在青涧城推行比较顺利后，范仲淹便请将他调知环州。《长编》记载："是春（庆历二年，1042），范仲淹巡边至环州。州属羌阴连虏为边患，仲淹谓世衡素得属羌心，而青涧城坚固，乃奏世衡知环州以镇抚之。庞籍请留世衡。诏仲淹另择人，仲淹言非世衡则属羌不可怀，诏从仲淹请。"[115] 范仲淹把世衡推许为"非世衡则属羌不可怀"，他的重要性便大了。据《长编》所载，他在调任环州前，已在青涧城招募蕃兵五千，隶属折马山族，[116] 其时甚至有人主张罢禁军而专用熟户，范仲淹认为不可，说"如去正兵，必至骄蹇"，[117] 这才没有成为事实。

种世衡到了环州后，便又在范仲淹的麾下了。据《涑水记闻》说，他曾冒大雪访牛家族，"有牛奴讹者，[118] 素屈强，未尝出见州官，闻世衡至，乃来效迎。世衡与约，明日当至其帐，慰劳部落。是夕，雪深三尺。左右曰：'奴讹凶诈难信，且道险，不可行。'世衡曰：'吾方以信结诸胡，可失期邪？'遂冒雪而往。既至，奴讹尚寝，世衡蹴起之。奴讹大惊曰：'吾世居此山，汉官无敢至者，公了不疑我。'率部落罗拜，皆感激心服"。[119]同书又引郭固的话，说种世衡收服大酋慕恩。"胡酋苏慕恩部落最强，世衡皆抚而用之。尝夜与慕恩饮，出侍姬以佐酒，既而世衡起入内，潜于壁隙窥之。慕恩窃与侍姬戏，世衡遽出掩之，慕恩惭惧请罪。世衡笑曰：'君欲之邪？'即以遗之。由是得其死力。诸部有贰者，使慕恩讨之，无不克。生羌归附者百余帐，纳所得元昊文券、袍带，无复贰心。世衡令诸族各置烽火，元昊掠之，更相救，常败走，遂不敢犯。"又据范仲淹所撰《种世衡墓志》，慕恩替种世衡讨定受西夏利用的兀二族。[120]据这种说法，收服慕恩，又再利用他讨定不服的部族，然后合各部之力抵抗元昊，正是以夷制夷的精神所在。

慕家族在环州似乎一直具有影响力。元丰（1078—1085）西讨时，曾因慕家族作乱，知州张守约出兵平定，杀其大酋，[121]这件事到底是由于慕家有意叛乱还是张守约不擅招抚所致，迄今不能明白。种世衡的长子种古、次子种诊，种谔之子种朴，种记之子种师道、种师中都曾知环州，[122]会否为着易于招抚，才屡次用种氏子弟出知环州，似有可能。北宋灭亡前后，知环州慕洧，可能就是慕家族的酋长，仓卒之间就由他出任知州，不过他却先降金，再投夏，为西夏所杀。[123]

庆历四年（1044）底，他展开筑细腰城的工作，筑城的用意是为断绝环、原二州间三大族与西夏来往的道路。"环、原之间，属羌有明珠、灭臧、康奴三种最大，素号横猾，抚之则骄不可制，攻之则险不可入，常为原州患。其北有二川，通于夏虏。二川之间，有古细腰城。"[124] 三族"常为原州患"，则种世衡若非在环州招抚已有所成，恐难于协助原州。"庆历四年，参知政事范文正公宣抚陕西，命世衡与知原州蒋偕共城之。世衡先遣人说诱夏虏，以故未及出兵争之。世衡以钱募战士，昼夜板筑，旬月而成，乃召三种酋长，谕以官筑此城，为汝御寇。三种既出其不意；又援路已绝，因而服从。"[125] 沈括《梦溪笔谈》记载他曾与明珠族作战，擒其酋长。[126] 然此事若发生在筑城之前，明珠族失了酋长，似不致固负不服；若发生在筑城之后，三族既服，何致再起战端？故只可聊备一说。种世衡筑城完工就去世了，[127] 似无与明珠族交兵的机会；蒋偕进而筑大虫巉堡，一度败还，结果再次出兵解决，[128] 可见当地蕃部也不是完全服从。

　　不过无论如何，透过蕃部的关系，有机会进一步利用蕃人的关系进行间谍活动。据说种世衡曾利用一蕃将混入西夏枢密院，尽得机密之事，[129] 沈括也记载他曾透过蕃酋苏吃曩偷取元昊赐给大臣野利旺荣的宝刀来陷害他，也就是有名的"越境设祭"之计。[130] 筑细腰城之前他派人"说诱夏虏，以故未及出兵争之"，似乎也是通过间谍的。不过范仲淹在为他撰写的墓志中，并不十分肯定这些间谍行动的效用，尤其关于用反间计杀元昊的大臣野利兄弟一事，只很含糊地记载"又尝遣谍者入虏中，凡半岁间，而虏诛握兵用事者二三人。谍者还，言其谋得行，会君已殁，又天子方怀来，故其绩不显"而已。[131] 无论如何，宋人对于反间计诛野利兄弟的传说甚盛，沈括《梦溪笔谈》、魏泰《东轩笔录》均记载甚详，南宋时王称《东都事略》、朱熹《五朝名臣言行录》均采录其经过。大抵这些机密行动，即使当时人的记载也大有出入，李焘对此事的记载亦甚谨慎，时至当今，更难以断定其详情。（参见附录一"种世衡反间计考异"）但即以《涑水记闻》所记载，反间计并没有任何效力，而对于种世衡派间谍王嵩入西夏的动机在于离间野利兄弟，亦无异辞。[132] 然则种世衡运用间谍来破坏西夏，是宋人一致记载的。

种世衡有没有参与宋夏战争中任何一次会战，记载并不清楚，[133] 然而他已被视为良将。王尧臣行边，曾称赞他和狄青有将帅才；[134] 欧阳修曾说："臣伏见国家兵兴以来，五六年所得边将，唯狄青、种世衡二人而已。"[135] 李绂上言建议"宜择良将"，便举出了种世衡等数人；[136] 孙甫也认为"今陕西兵官，唯种世衡、狄青、王信材勇，可战可守，自余暗懦险贪者"。[137] 甚至后来神宗也在王安石面前称赞种世衡，王安石回答说："陛下以朝廷利势，为世衡所为，岂特功必倍之也？"[138] 苏轼特为推许他招抚蕃部，说："范仲淹、刘沪、种世衡等专务整辑蕃汉熟户弓箭手，所以封殖其家。砥砺其人者非一道，藩篱既成，贼来无所得，故元昊服臣。"[139] 除《长编》记载他不听另一武将周美的劝告，进攻承平寨失利之外，[140] 其他有关的记载和评论中几不见反面的例证。[141]

《涑水记闻》还记载了一些他成为武将前的事迹。据说他做地方官时，要拷打人便叫人站在砖上，由一数起，脚落地便重头再数，"人亦服其威信"；渑池县"县旁山上有庙，世衡葺之，其梁重大，众不能举。世衡乃令县干剪发如手搏者，驱数对于马前，云'欲诣庙中教手搏'，倾城人随往观之，世衡谓观者曰：'汝曹先为我致庙梁，然后观手搏。'众欣然，下山共举之，须臾而上。其权数皆此类"。[142]这件事和何承矩吟咏蓼花，李允则建东岳庙的故事都是同一旨趣，用一件事来掩人耳目，暗地里达成其真正目的。[143]

也许由于出身富家子弟的关系，他动辄用金钱收买人。初筑青涧城时，"然处险无泉，议不可守，凿地百有五十尺始至于石，工徒拱手曰：'是不可井矣！'君曰：'过石而下，将无泉耶？尔攻其石，屑而出之，凡一畚偿尔百金！'工复致其力，过石数重，泉果沛发，饮甘而不耗"。[144]又重赏间谍，"有得虏中事来告于我，君方与客饮，即取坐中金器以奖之，属羌爱服，皆愿效死"。[145]他要使王嵩为他做间谍，先让他尽情花费；[146]《涑水记闻》甚至记载"又教吏民习射，虽僧道妇人亦习之，以银为射的，中者辄与之。既而中者益多，其银重轻如故，而的渐厚且小矣。或争徭役优重，亦使之射。射中者得优处。或有过失，亦使之射，射中则释之。由是人人皆能射"。[147]

他既用金钱广为收买人心，得人死力，便要钱用。他在青涧城时，"开营田一千顷，募商贾，贷以本钱，使通货得利，城遂富实"。[148]但除此之外，显然还有其他来源，庆历二年春，他调知环州，在离开青涧城前，为属吏李戎以擅用官物诸不法事讦讼，按验有状，[149]这本不是奇怪的事，据《涑水记闻》所载，他贷给商旅的就是官钱，[150]不过当时的经略使庞籍都替他辩解，说"若一一拘以文法，则边将无所措手足"，世衡据说为此感动流泪，[151]大抵他认为庞籍了解他做事的方法。

总上所论，种世衡的成就在于能招蕃部，而这正切合当时时势所趋；他所用的间接手段也是文人知军事所提倡的，故种世衡受当时文人所推重，当非浪致。

宋初开国未久，即提倡文治，国初诸将首受制约，以矫五代武夫专横之弊，收兵权、罢藩镇，原来的禁军宿将及方镇均不能偃塞固负，西北二边的诸将虽受信任，但官微兵寡，不足为朝廷之患，太祖太宗复提拔亲信、谨良者来代替，因此就对内而言，不啻为成功的策略。

然而宋初北有契丹，西有李氏，以太宗时禁军的实力，竟大败者再，他们不能继续维持不信任武将而又同时对外作战的局面，实甚明显。文人知军事遂成为一种解决方法，既可免武帅跋扈，又仍可用智略继续与外敌周旋。这样做虽然一厢情愿，但就当时而言至为合理。不过由于澶渊之盟的订立，局势稍缓，选将之急未至于甚。

到宋夏战争爆发，宋兵屡败，兵将都成为问题，种世衡虽未经大战，但既在招蕃部方面建立威信，又颇能运用智谋，于是成为名将，从文人转为武将。他为种氏将门建立了良好名声，日后他的子弟继起为将，遂成为三世将门。

注　释

[1] 种世衡筑青涧城，且战且城；张亢亲自指挥麟府之战；景泰则在潘
　　原会战击退西夏，见《宋史》卷三三五《种世衡传》，页 10742，
　　卷三二四《张亢传》，又见《长编》，《永乐大典》卷一二三九九，
　　页 15，庆历元年（1041）兔毛川会战；卷一二四〇〇，页 15A 潘
　　原会战。

[2] 薛居正《旧五代史》（北京：中华书局，1976 年）卷九八《安重荣
　　传》，页 1302："重荣起于军伍，暴得富贵，复睹累朝自节镇遽升
　　大位，每谓人曰：'天子，兵强马壮者当为之，宁有种耶！'"

[3] 以上参见聂崇岐《论太祖收兵权》，收入《宋史丛考》（北京：中华
　　书局，1980 年），页 263—282。

[4]《涑水记闻》卷一，页 7。

[5] 武人家庭子弟因荫而做官，但未必带兵，而且有向文资方面转化的
　　可能，详见第三章。

[6]《宋史》卷二五〇《石守信传附石保兴传》，页 8813。

[7]《宋史》卷二五〇《石守信传附石保吉传》，页 8813。

[8]《宋史》卷二五一《慕容延钊传》，页 8835。

[9]《宋史》卷二五〇《王审琦传》，页 8817；《邵氏闻见录》卷一，页
　　6 更载一传说："禁中火，审琦不待召，领兵入救。台谏官有言，罢
　　归寿州本镇，朝辞，太祖谕之曰：'汝不待召以兵入卫，忠也；台
　　臣有言，不可不行。第归镇，吾当以女嫁汝子承衍者。'召承衍至，
　　则已有妇乐氏，辞。帝曰：'汝为吾婿，吾将更嫁乐氏。'以御龙直
　　四人控御马载承衍归，遂尚秦国大长公主。乐氏厚资嫁之。帝谓承
　　衍曰：'汝父可以安矣。'"此事《宋史》本传不载，且审琦出镇，一
　　般都认为是"杯酒释兵权"，救火之说不知何据，但亦反映出王承

衍做驸马一事被人认为是政治婚姻。又《文献通考》卷二五八《帝
系九》，页 2048 "公主" 条："宋太祖六女，三女长不及封，秦国长
公主适王承衍；晋国大长公主适石保吉，许国长公主适魏成（咸）
信。" 以上王、石二人均为名将子。

[10]《宋史》卷二五九《崔彦进传》，页 9007。

[11]《宋史》卷二五〇《韩重赟传》，页 8824。

[12] 苏辙《龙川别志》（北京：中华书局，1982 年，标点本；与《龙川
略志》合册）卷上，页 70："性好道，道士多客其家，……尝有
人告永德谋反，艺祖曰：'张道人非反者。'" 又《长编》，《永乐大
典》卷一二三〇七，页 14A 亦载此语，并说 "永德旧喜与方士游，
家赀为之罄乏，上故以道人目"。

[13] 讨李筠用慕容延钊、王全斌、石守信、高怀德和韩令坤领兵；讨
李重进用的是石守信、王审琦、李处耘和宋偓；平荆湖之役以慕
容延钊和李处耘为将；伐蜀两道出师，大将为王全斌和刘廷让，
此后唯开宝二年用李继勋出兵攻打北汉。以上参见李攸《宋朝事
实》卷十七及《长编》卷十开宝二年之役的记载。

[14] 参见《宋朝事实》卷十七及《长编》卷十开宝二年，又参见注 10。

[15]《宋史》卷二五九《刘廷让传》，页 9003—9004。

[16] 同注 3。

[17]《旧五代史》卷一二五《孙方谏传》，页 1649—1650："定州西北
二百里有狼山，山上有堡，边人赖之以避剽掠之患，因中置佛舍。
有尼深意者，俗姓孙氏，主其事，以香火之教聚其徒，声言尸不
坏，因复以衣襟，瞻礼信奉，有同其生。方谏即其宗人，嗣行其
教，率众不食荤茹，其党推之为寨主。晋开运初，定师表为边界
游奕使。求请多端，因少不得志，潜通于契丹。戎主之入中原也，

以方谏为定州节度使，寻以其将耶律忠代之，改方谏云州节度使。方谏恚愤，与其党归狼山，不受契丹命。汉初，契丹隳定州城壁，烧爇庐舍，尽驱居民而北，中山为之一空。方谏自狼山率其部众回保定州，上表请命，汉祖嘉之，即授以节钺，累官至使相。"综合来说，孙氏的势力由三方面构成：

（1）尼姑孙深意的法术，凭信仰集结信徒；

（2）适天下大乱，人民归附以自保；

（3）易、定之间是契丹与中原的主要通道，孙氏遂得以持两端，依违其间以自固。

建隆二年，孙方谏之弟行友为定帅，"欲还狼山以自固，兵马都监药继能密表其事，太祖遣阁门副使武怀节驰骑会镇、赵之兵，称巡边直入其城，行友不知觉，既而出诏示之，令举族赴阙，行友苍黄听命。……削夺从前官爵，勒归私第。……太平兴国六年卒，年八十，赠左卫上将军"。见《宋史》卷二五三《孙行友传》，页 8873。

[18] 符彦卿为五代名将，父存审，为李克用义儿之一，彦卿是他的第四个儿子，在晋末的阳城会战中，与李守贞、药元福等诸将大破耶律德光，反败为胜。宋初，他出镇天雄军（魏博）。他与宋室有密切的婚姻关系，周世宗和宋太宗的皇后都是他的女儿，苏辙《龙川别志》卷上，页 71 提及，宋太宗微时，欲聘符氏女，对太祖说："符氏大家，而吾家方贫，无以为聘，奈何？"经张永德的资助始得完婚。事实上虽未必如此，但亦可见符氏与宋室关系的密切。尽管如此，符彦卿仍受猜忌，首先是赵普，"乾德元年二月，天雄军节度使符彦卿来朝。上欲使彦卿典兵，枢密使赵普以为彦卿名位已盛，不可复委以兵柄。……上曰：'卿若（苦）疑彦

卿，何也？朕待彦卿至厚，彦卿岂能负朕邪？'普曰：'陛下何以
负周世宗？'上默然，事遂中止。"见《宋会要辑稿》职官三八，
页 3141。太祖又欲利用王佑以察其事，《邵氏闻见录》卷六，页
54："王晋公佑事太祖为知制诰，太祖遣使魏州，以便宜付之，告
之曰：'使还，与卿王溥官职。'时溥为相也。盖魏州节度使符彦
卿，太宗夫人之父，有飞语闻于上。……及还朝，太祖问曰：'汝
敢保符彦卿无异意乎？'佑曰：'臣与符彦卿家各百口，愿以臣之
家保符彦卿家。'"这次诬陷不成，但符彦卿终以"假满百日，犹
请其奉"的小事为御史所劾，罢了节钺。

[19] 有关符彦卿之生平见《宋史》卷二五一本传。

[20]《旧五代史》卷一二五《折从阮传》，页 1648："汉祖建号晋阳，
引兵南下，从阮率众归之。寻升府州为永安军，析振武之胜州并
沿河五镇以隶焉。"显然具有招徕之意。畑地正宪认为："府州与
麟州都是同处于企图西进、南下的契丹与拟东进的夏州李氏之间
成为楔状的凹进的地方。在这个地区设置藩镇的中原王朝的企图
可能有如下两点：第一，当契丹入寇河东时，赋予扰乱及切断其
后方的使命。第二，府州处在从鄂尔多斯入侵河东之路，万一此
地为李氏所有，则李氏之向河东发展便成为可能之事。因此，为
防麟州的孤立化，而加强对夏州李氏的防御体制，实须培养府州
的强大势力。若然，则后周之助府州折氏而责备骄恣的夏州李氏，
便不难理解了。也就是说，为要对付契丹及夏州李氏，府州折氏
的政治地位被提高，权限被扩大了。"见其著《五代北宋的府州
折氏》一文，郑梁生译，收入《食货月刊》复刊第五卷五期，页
229—249。

[21] 详见《宋史》卷二五三《折德扆传》。

[22]《宋史》卷二七三"论曰"部分，页9346；《长编》，《永乐大典》卷一二四〇〇，页20A，庆历二年十月戊辰贾昌朝上疏，亦提及此事，略同；曾巩《元丰类稿》，收入杨家骆编《中国学术名著第六辑》、《中国文学名著第六集》（台北：世界书局，1963年）第八册，卷四九"十朝政要策"、"任将"，页10。

[23] 江少虞《宋朝事实类苑》（上海：上海古籍出版社，1981年）卷五七，页719引《杨文公谈苑》："进御军严而好杀，部下整肃，每帅师入晋境，无不克捷。太祖因遣戍西山，必语之曰：'汝辈当谨奉法，我犹赦汝，郭进杀汝矣。'尝遣御龙官三十人隶麾下，押阵头，与晋人战，多退却，进斩十余人。奏至，上方御便殿阅武，厉声曰：'御龙官，千百人中始选择得一二，而郭进小违节度遽杀之，诚如此，垄种健儿亦不足供矣。'潜遣中使谕进曰：'恃其宿卫亲近，骄倨不禀令，戮之甚得宜矣！'进感泣，由是一军精勇无敌。上为治第，令厅堂悉用甋瓦，有司言亲王公主始得用此，上曰：'进事国尽忠，我待之岂不以吾子？有何不可哉？'"《长编》卷四，页21略同，又载："尝有军校诣阙诉进不法事，上谓近臣曰：'所诉事多非实，盖进御下严甚，此人有过，畏惧而诬罔之耳！'即命执以与进，令自诛之。进方奉表谢，会北汉人寇，进谓其人曰：'汝敢论我，信有胆气。今舍汝罪，汝能掩杀此寇，则荐汝于朝；如败，便可往降，勿复来也。'军校踊跃听命，果立功而还，进奏乞迁其职，上悦而从之。"《归田录》卷一载此事微异，见页3—4。

[24] 曾巩《隆平集》，收入赵铁寒编《宋史资料萃编》（台北：文海出版社，1967年）第一辑，卷十六《李谦浦传》，页622："有招收将刘进，勇力绝人，屡以少击众，并人恶之，潜为蜡丸书佯遗道

上，晋帅赵赞得之以闻，太祖诏谦浦械进阙下，谦溥言：'并人反
间，欲我杀之也，臣愿以血属保其无他。'太祖为释进，赐金帛。"

[25]《归田录》卷一，页8—9："太祖时，以李汉超为关南巡检使捍北
虏，与兵三千而已，然其齐州赋税最多，乃以为齐州防御使，悉
与一州之赋，俾之养士。而汉超武人，所为多不法。久之，关南
百姓诣阙讼汉超贷民钱不还及掠其女以为姜。太祖召百姓入见便
殿，赐以酒食慰劳之，徐问曰：'自汉超在关南，契丹入寇者几？'
百姓对曰：'无也。'太祖曰：'往时契丹入寇，边将不能御，河北
之民，岁遭劫虏，汝于此时能保其赀财妇女乎？今汉超所取，孰
与契丹之多？'又问讼女者曰：'汝家几女，所嫁何人？'百姓具
以对。太祖曰：'然则所嫁皆村夫也。若汉超者，吾之贵臣也，以
爱汝女则取之，得之必不使失所，与其嫁村夫，孰若处汉超家富
贵！'于是百姓皆感悦而去。太祖使人语汉超曰：'汝须钱何不告
我，而取于民乎？'乃赐以银数百两，曰：'汝自还之，使其感汝
也。'汉超感泣，誓以死报。"

[26] 参见林瑞翰《宋太祖太宗之御将及太宗之治术》，收入《台湾大学
历史学系学报》第五期，页53—71。林文未提及符彦卿事件。

[27]《长编》卷一六三，页9，庆历八年（1048）二月甲寅翰林学士张
方平上言："祖宗任李汉超、郭进、贺惟忠、李谦溥、姚内斌、董
遵诲、侯赟、杨延昭等，远或二十年，近犹八九年。"

[28]《长编》卷八，页1—2："既而伪蜀臣民往往诣阙，讼全斌及王仁
赡、崔彦进等破蜀时豪夺子女玉帛，或擅发府库、隐没货财诸不
法事，使者每自蜀至，上问之，尽得其状。于是与诸将同时召还。
仁赡先入见，上诘之，仁赡历诋诸将过失，冀自解免，上曰：'纳
李廷珪妓女，开丰德库取金贝，此岂诸将所为耶？'仁赡皇恐不

能对。上以全斌等新有功，不欲付之狱吏，……壬子，令御史台
集百官于朝堂，议全斌等罪。癸丑，百官表言全斌、仁赡、彦进
法当死，上特赦之。"

[29] 宋人记载曹彬等事迹的史料不少，有行状、笔记和《长编》《东都
事略》等正式的史籍。综合来看，主要是记载他的生平和良言美
行。行状的记载虽然一般都有夸饰之嫌，但即以行状来看，也看
不出其将略有何过人之处。杜大珪《名臣碑传琬琰之集》，在《四
库全书珍本》（台北：台湾商务印书馆，1981 年）十一集，册五三
至五九，中卷四三，页 1A—12A，有李宗谔所撰 "曹武惠王彬行
状" 记其大小战役斩级之数则甚详，但没有说用什么方法破敌。
其中页 6A 甚至记载他围攻金陵时，太祖看见地图，提醒他在北
面寨前掘壕，后来江南兵果然在这一地段出击。《长编》，《永乐
大典》卷一二三〇七，页 14 乃略同。这段记载虽在表扬太祖的英
武，但身在行营的曹彬竟要汴京的太祖提醒，令人怀疑他的将略。
他在战场上最大的失败是岐沟关之役，"时彬部下诸将闻（潘）
美、（田）重进攻城野胜，累获其利，以为己握重兵，不能有所攻
取，谋画蜂起，更相矛盾，彬不能制"。于是再次进兵涿州，为休
哥所乘。见行状页 9B。《长编》卷二七，页 10 亦同。即连行状亦
承认他不能制御部下诸将。至于其他记载中所见，他的长处集中
在如下方面：（1）仁厚。行状，页 11A："彬性仁恕清慎，逊言恭
色，在朝廷未尝抗辞忤旨。博览强记，美谈论，被服清素，有同
儒者。"《长编》卷四四，页 16 咸平二年六月所载略同。《归田录》
卷一，页 14："曹武惠王，国朝名将，……其所居堂室弊坏，子
弟请加修葺，公曰：'时方大冬，墙壁瓦石之间，百虫所蛰，不可
伤其生。'其仁心爱物盖如此。"（2）不杀无辜。《邵氏闻见录》卷

一页 4—5："帝曰：'王全斌平蜀多杀人，吾今思之，犹耿耿不可用也。'（赵）普荐曹彬为将，……令行禁止，未尝妄戮一人而江南平。"《长编》，《永乐大典》卷一二三〇七，页 15B："于是彬忽称疾，不视事，诸将皆来问疾。彬曰：'余之病非药石所愈，须诸公共为信誓，破城之日，不妄杀一人，则彬之疾愈矣。'诸将许诺。"《归田录》卷一页 14："尝曰：'自吾为将，杀人多矣，然未尝以私喜怒辄戮一人。'"《渑水燕谈录》卷二，页 11："曹冀王彬，前后帅师征讨诸国，……未尝杀一无辜，……生享王爵，子孙昌炽，世世无比，非元功阴德，享报深厚，何以及此？"（3）不贪财。王君玉《国老谈苑》，收入《历代小史》（台北：台湾商务印书馆，1969 年）卷四九，页 4："（曹）彬平蜀回，辎重甚多，或言悉奇货也，太祖令伺之，皆古图书，无铢金寸锦之附。"王曾《王文正笔录》，收入《历代小史》卷四六，页 7："及还，或告全斌而下率多隐匿宝货金帛，各行降黜，独（沈义）伦及彬无所染，上深加叹。"《宋朝事实》卷十七，页 268："（王）仁赡历诋诸将所为奢纵不法，冀以自解，且曰：'清廉畏慎，不辜陛下任使者，惟曹彬一人耳。'即日授彬宣徽南院使，……上曰：'卿有功无过，又不自矜，苟若有纤芥之累，王仁赡岂为卿隐耶？'"行状略同。《国老谈苑》同前，页 8："曹璨，彬之子也，为节度使，其母一日阅宅库，见积钱数千缗，召璨，指而示之曰：'先侍中履历中外，未尝自存，吾故缓其事，而法亦不赦也。'其用意如此。"以上虽未能列出全部有关曹彬的记载，但大抵如上述，侧重他仁厚，不杀无辜，不贪财，甚至保护妇女，对于将略方面，反不得而知。何况不杀无辜之说亦未必寻实，行状页 5B 记载他攻南唐时，"八月，丁德裕与两浙军克润州。部送降卒数千人赴军前，卒多逃亡，遂发檄招诱，稍皆集，又虑其为变，尽杀之"。《长编》，《永乐大典》卷一二三〇七，页 12A 同。诱而后杀，至为无信，似乎行状并不打算隐瞒此事。

[30]《宋史》卷二六〇《田重进传》，页 9024—9025："太宗居藩邸，爱其忠勇，尝遗以酒炙，不受。使者曰：'此晋王赐也，何为不受？'重进曰：'为吾谢晋王，我知有天子尔。'卒不受。"太宗雍熙北伐时，便用他为飞狐一路的主将。

[31] 同注 29。

[32] 参见余嘉锡《杨家将故事考信录》，收入《余嘉锡论学杂稿》（北京：中华书局，1963 年初版，1977 年再版），页 417—490；侯林柏《唐宋两朝边疆史料比事质疑》（香港：南天书业公司，1976 年），页 157—160；李安《杨家将的事迹》，收入《宋史研究集》第九辑（台北：中华丛书编审委员会，1977 年），页 589—601；常征《杨家将史事考》（天津：天津人民出版社，1980 年），均认为潘美猜忌杨业。

[33]《长编》卷九八，页 7，乾兴元年（1022）二月："宣徽南院使镇国军留后曹玮责授左卫大将军容州观察使知莱州。玮时任镇定都部署，丁谓疑玮不受命，诏河北转运使侍御史韩亿驰往收其兵。……而玮得诏即日上道，弱卒十余人，不以弓铗矢箙自随，谓卒不能加害。"《东都事略》卷五八《韩亿传》略同，页 851。

[34] 曹氏将门与帝室姻亲关系颇密切，在后周时，曹彬从母已是周太祖贵妃。入宋后，曹彬之子曹玘娶秦王女兴平郡主，曹玘之女是所谓"慈圣光献皇后"，也就是曹彬的孙女；而他的曾孙曹诗又尚鲁国大长公主，见《宋史》卷二五七《曹彬传》，及卷四六四《外戚曹佾传》。现据此列成下图：

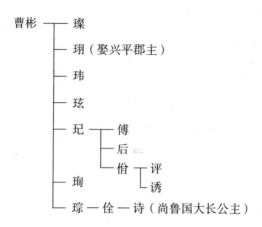

[35] 参见蒋复璁《宋太宗晋邸幕府考》，收入《大陆杂志》第三十卷第三期，页14—23。

[36]《宋史》卷二六八《周莹传》，页9226—9227："太宗潜邸时，莹得给事左右。……（咸平）五年，高阳关都部署阙，藩侯无足领之者，宰相请辍宣徽使以居其任。时王继英任北院，上以莹练达军事，乃拜永清军节度，兼领其任，为三路排阵使。……契丹入寇，诏步兵赴宁边为援。莹至，则寇兵已去，即日还屯所。上闻曰：'莹何不持重小留，示以不测。轻于举措，非将帅体也。'又移邠州，兼环庆路都部署，……上谓莹庸懦不智，以曹玮代之。"同书卷二七九《傅潜传》，页9474，又载傅潜领大军屯中山，坐视契丹入侵而不出一兵，范廷召等"因诟潜曰：'公恇怯乃不如一妪尔。'……然不得已，分骑八千，步二千付廷召等，于高阳关逆击之，仍许出兵为援，洎廷召等与契丹血战而潜不至，康保裔遂战死。……潜卒逗留不发，……上由是大怒，乃遣高琼单骑即军中代之"。王超"为将善部分，御下有恩，……然临军寡谋，拙于战斗"。同书卷二七八本传，页9466。

[37]《宋史》卷二八九《高琼传》，页9693；卷三二四《石普传》，页
　　10471—10473。

[38] 同注36，《宋史》卷二七九《傅潜传》，页9474。

[39] 见注37，《高琼传附高继勋传》，页9696；高继宣在麟府之役时
　　为知并州，募骁配厢军三千人，号"清边军"赴援，见《长编》，
　　《永乐大典》卷一二三九九，页15。

[40]《宋史》卷四六四《外戚高遵裕传》，页13575—13577。

[41]《宋史》卷二七六《王继昇传》，页9406—9408。王继昇"事太宗
　　于藩邸，太宗信任之"。其子昭远"南游京师，事太宗于晋邸，特
　　被恩遇"而"昭远子怀普，九岁事太宗左右"。可见父子三代与晋
　　邸关系之密切。王昭远"从征太原，先登，为流矢所中，血渍甲
　　缕，战益急，……又从征范阳，多所擒获，超散员指挥使。涪王
　　之迁房陵也，禁卫诸校杨均、王荣等以依附被谴，独昭远无所预，
　　太宗以为忠。再迁东西班都虞候，转殿前班都指挥使。……太宗
　　屡称其能，可备急使。端拱初，召为殿前都虞候"。可见他恃为太
　　宗信任，战功方面则不见何突出之处。

[42]《欧阳永叔集》"墓志"卷二三《王德用神道碑》："至道二年，遣
　　五将讨李继迁，公从武康公（王超）出铁门，为先锋，杀获甚众。
　　军至乌白池，诸将失期不得进。公告其父曰：'归师过险，争必乱'
　　乃以兵守前隘，号其军曰：'乱行者斩！'由是士卒无敢先后，虽
　　武康公亦为之按辔，追兵望见其军整，不敢近。武康公叹曰：'王
　　氏有子矣！'"《长编》卷四十，页9，《宋史》卷二七八《王超传
　　附王德用传》，页9466略同。

[43] 同上，《神道碑》："其在枢密，亦尝自请临边，不许。"《宋史》附
　　传，页9467："赵元昊反，德用请自将讨之，不许。"《东都事略》

卷六三《王德用传》，页 932："初，翰林学士苏绅尝疏德用'宅枕乾冈，貌类艺祖'者，既而御史中丞孔道辅又以绅之言劾奏之，降左千牛卫上将军知随州。德用疏言'宅枕乾冈，陛下所赐，貌类艺祖，陛下所生。'"神道碑又载"公于是时，屹然为中国巨人名将，虽未尝躬亲矢石，攻坚摧敌，而恩信已足以抚士卒，名声已足以动四夷"。

[44]《长编》卷二八，页 1。

[45]《长编》卷四六，页 2—3，载咸平三年（1000）正月高阳关之战；卷五四，页 14 载咸平六年（1003）四月望都之战。

[46]《宋朝事实类苑》卷五五，页 719—720 引《杨文公谈苑》："太宗征太原，北戎自石岭关入援，（郭）进大破之，献俘行在，暴于城下，并人丧气，遂约降。以功高负气，监军田钦祚所为不法，进屡以语侵之，钦祚心衔，因诬以佗事。进不能甘，自缢死。"《宋太宗实录》残本卷四一，页 4B："钦祚之典石岭军也，大将郭进屡有战功，为钦祚所凌轹，进不能甘，遂自经死，事甚暧昧，时皆以为钦祚杀之，左右无敢言者。"

[47]《宋史》卷二七三《何继筠传附何承矩传》，页 9329："至道元年，契丹精骑数千夜袭城下，伐鼓纵火，以逼城堞。承矩整兵出拒，迟明，列阵酣战久之，斩馘甚众，擒其酋所谓铁林相公者，契丹遁去。是年春，府州尝败契丹众，承矩条杀获以谕州民，或揭于市，契丹愧忿，故有是役。太宗意其轻率致寇，复命与沧州安守忠易其任。"

[48] 杨业事迹，近人研究参见注 32 所录各种著作。

[49]《宋会要辑稿·方域》二一，页 7662 上："至道元年正月，府州言契丹万余众入寇，节度使折御卿率兵击败于子河。……帝召使者

于便殿问状，……厚赐其使，因遣内侍杨守斌往府州画地图来。
上因遣问御卿：'向者戎人从何而土（至）？'御卿曰：'虏由山峡
细径而入，意臣出巡，谋入剽掠。臣先谍知之，遣内属戎人邀其
归路，因纵兵疾击。'"畑地正宪认为："当北宋太宗接此捷报后，
竟难以判断其真伪，而遣内侍杨守斌至府州调查其实情，且使之
描绘府州一带之地图的。朝廷之将此地图入手，该意味着完全掌
握住府州的版图吧！若然，则在至道以前的北宋创业期，朝廷的
统治力量并未直达于府州，而可能以折氏为媒介作间接统治的。"
见《五代北宋的府州折氏》，页237。据同上《宋会要辑稿》的史
料，太宗更说"北戎小丑，轻进易退，朕常诚边将不与争锋，待
其深入，则分奇兵断其归路，因击杀之，必无遗类也！今果如其
言"。似乎太宗竟欲自己居功。

[50]《长编》卷三十，页15—16："戚虞军粮馈不继，契丹欲窥取
之。……崇仪使北面缘边都巡检尹继伦领步骑千余人按行塞上，
正当敌所入道，敌不击而过，径袭大军。……（继伦）潜发蹑敌
后行数十里，至唐河、徐河之间。天未明，敌去大军四十五里，
继伦列阵于城北以待之。敌方会食，既食则将进战。继伦出其不
意急击之。"萧挞览之死见脱脱《辽史》（北京：中华书局，1974年）
卷八五《萧挞凛传》，页1314："未接战，挞凛按视地形，取宋之
羊观、盐堆、凫雁，中伏弩卒。"《长编》卷五八，页15载何承矩
从逃回汉民中得悉。

[51]《杨家将史事考》，页104，注1，主要根据《宋史·高化传》。《宋
史》卷三二三《高化传》，页10456："契丹犯河北，应募转饷飞
狐口。杨业留戏下，使捕贼酋大鹏翼，获之。"然则飞狐之战实有
杨业及其部下的参与。然而常征又以《天下郡国利病书》有载杨

业曾屯兵蔚州西北，推断杨业又有参与后来的蔚州争夺战，则不及《宋史·高化传》有力。

[52]《长编》卷二七，页 22，雍熙三年十二月："先是齐贤约潘美并师来会战，无何，间使为敌所得，齐贤以归期既漏，且虞美众为敌所乘，俄而美有候至，云'……忽奉密诏东部王师衄于君子馆，令并之全军毋得出战，已还州矣'。于时敌骑塞川，齐贤虑敌知之，乃闭其使密室中，夜发兵二百人持一帜，负一束刍，距州城西南三十里列帜然刍，敌遥见火光中有旗帜，意谓并师至矣，骇而北走，齐贤先伏步卒二千于土磴寨，大败之。"

[53] 此役本来并非由宋人所发动，而张齐贤又是守土之臣，适遇契丹入侵，于是起而部署作战，甚为自然；而且预计中亦有潘美的参战，因此也不是有意地不用武将。

[54] 常征《杨家将史事考》，页 131—134。

[55]《长编》卷二十，页 17—18 太平兴国四年："是，上以阵图授诸将，俾分为八阵。大军次满城，敌骑垒至，右龙武将军赵延进乘高望之，东西亘野，不见其尾，（崔）翰等方按图布阵，阵相去百步，士众疑惧，略无斗志。延进谓翰等曰：'上委吾等边事，盖期于克敌尔。今敌骑如此，而我师星布，其势悬绝，彼若乘我，将何以济？不如合而击之，可以决胜。违令而获利，不犹愈于辱国乎？'翰等曰：'一不捷，则若之何？'进曰：'有丧败，延进独当其责。'等犹以擅改诏旨为疑，镇州监军，六宅使李继隆曰：'贵适变，安可以预料而定，违诏之罪，继隆请独当之！'翰等意始决，于是分为二阵，前后相副，士众皆喜，三战大破之，敌众崩溃。"

[56]《长编》卷三十，页 9 载田锡奏疏，卷四四，页 8 载朱台符上疏，均反对用阵图遥制诸将。吴晗《阵图与宋辽战争》文论此颇详，

见《灯下集》（北京：生活·读书·新知三联书店，1961 年）。

[57]《长编》卷四二，页 1—2 ;《国老谈苑》，页 2A。

[58]《东都事略》卷三五《钱若水传》，页 562。

[59]《长编》卷四五，页 20。

[60]《长编》卷八四，页 8。

[61]《欧阳文忠公集》十三 "奏议集"，页 29 "再论许怀德状"。

[62]《东都事略》卷三五《钱若水传》，页 562。

[63]《长编》卷四五，页 20。

[64]《长编》卷五八，页 10 : "天雄军闻寇将至，阖城皇遽。王钦若与诸将议探符分守诸门，……既而莫肯守北门者，乃以命（孙）全照。钦若亦自守南门。全照曰：'不可，参政主帅，号令所出，谋画所决，南北相距二十里，请覆待报，毋失机会，不如居中府署。……' 钦若从之。……（契丹）夜复自故城潜师过城南设伏于狄相庙，遂南攻德清军，钦若闻之，遣将率精兵追击。伏起，断其后，天雄兵不能进退。全照请于钦若曰：'若亡此兵，是亡天雄也，北门不足守，全照请救之。' 乃引麾下出南门力战，杀伤其伏兵略尽，天雄兵复得还，存者什三四。" 则王钦若虽倚赖孙全照，但总算保全了天雄军。

[65] 其他九人为马知节、孙全照、上官正、杨延朗（后改名延昭，即杨业之子）、张禹珪、张利涉、赵继升、李允则和赵彬，见《长编》卷五九，页 1。

[66]《长编》卷三六，页 11—12 : "或又奏昌言素负重名，又无嗣息，今握兵入蜀，恐后难制。上即幸北苑召宰相谓曰：'昨遣昌言入蜀，朕徐思之，有所未便。盖蜀贼小丑，昌言大臣，不可轻动，宜令驻凤翔为诸军声援，但遣内侍卫绍钦赍手诏往指挥军事，亦可

济矣。'"则太宗连文臣也信不过，透过宦者间接指挥，可见其猜忌。

[67]《续湘山野录》（与《湘山野录》合册），页12："柳仲涂（开）以殿中侍御史改崇仪使知宁边军。宁边，定州博野县是也。……有真定人白万德者，边豪也，蕃族七百余帐，万德以威爱辖之。慕仲涂才名，愿往亲之，凡出入界上，设帐据饮，间以诗书讲摩，信重仰服。一夕与之饮于边帐，谓万德曰：'中原乃君父母之邦，弃以臣胡虏，奈礼义何？观君气貌雄特，南朝大侯伯不过比尔。中原失幽蓟六十年，将兴师取之，君能顺动，先自南归，则裂茅土，封公侯，不绝其世，炳焉书其功于方册，岂不伟欤？！'万德大喜，将定日率豪杰请约于境，……会召知全州，万德与仲涂别曰：'吾不集其事者，天乎！'"《渑水燕谈录》卷九"杂录"，页111："幽蓟八州，陷北虏几二百年，其间英主贤臣欲图收复，功垂成而辄废者三矣，……柳仲涂守宁边，结客白万德，使说其酋豪，将纳贤定誓，以为内应，掩其不备，疾趋直取幽州，会仲涂易地而罢。河朔之人，逮今为憾。"《长编》记此事较为简略，但仍以白万德为契丹贵将，柳开透过"有豪杰，即万德姻族，往往出境外见之"来与万德联系的，其他与上大略相同，见卷二八页10—11。

[68]《宋人轶事汇编》卷四有关柳开的事迹共八条，其中三条均提及他带剑，甚至用剑杀人的，分别出于《谈撰》《玉壶清话》及《续湘山野录》；此外又一条说他嗜吃人肝，出自《宋朝事实类苑》，类苑又引自《湘山野录》，不过《学津讨源》本及上海有正书局印行本《湘山野录》均不见这一条，另一条关于他为帮赵昌言而放火烧叔父家，出于吴处厚《青箱杂记》（商务印书馆据涵芬楼本影

印，1920年）卷六页4A；另一条关于他强娶钱氏女，出于彭乘《墨
客挥犀》（上海：进步书局）卷四，页1B。大抵多属杀人放火之
类勾当。这些事迹与他的文名颇不相称，反映出柳开的形象与一
般文人有异。《宋朝事实类苑》卷九，页104引《倦游录》载张咏
寒微时曾误投一黑店，"但淬一短剑而去，……夜始分，……即来
推户，张先以坐床拒左扉，以手拒右扉。店夫既呼不应，即再三
排闼，张忽退立，其人闪身踉跄而入，张揿其首，毙之，曳入阃。
少时，其次子又至，如前复杀之。及持剑视翁，方燎火爬痒，即
断其首，老幼数人，并命于室。呼僮牵驴出门，乃纵火，行二十
里，始晓，后来者曰：'前店人失火，举家被焚。'"同书卷十四引
《张忠定公语录》数则，颇涉夸大，然亦可见其意气不群。有关他
用兵的记载见《宋史》卷二九三本传，页9801，又页9803亦记
他"少学击剑，慷慨好大言，乐为奇节，有士人游宦远郡，为仆
夫所持，且欲得其女为妻，士人者不能制。咏遇于传舍，知其事，
即阳假此仆为驭，单骑出近郊，至林麓中斩之而还"。

[69]《宋史》卷八二《向敏中传》，页955。

[70] 同书卷二七七《郑文宝传》，页9427—9429。又"继迁酋长有嵬
啰嵬悉俄者，文宝以金帛诱之，与手书要约，留其养子为质，令
阴图继迁，即遣去。谓之曰：'事成，朝廷授汝以刺史。'文宝又预
漆木为函，……而嵬啰等尽以事告继迁。"

[71]《宋史》卷二六六《钱若水传》，页9170，太宗称他为文臣中知兵
者。宋琪在雍熙北伐前上了一奏，他当时是刑部尚书，自称"生
居边上，习知边事"，主张采用大房岭山路直通幽州的路线，又分
析双方的战略战术，至为详尽，原文见《长编》卷二七，页1—
6；《宋会要辑稿·蕃夷一》，页7679—7682。索湘则据《宋史》

卷二七七本传，页 9420 所载，他曾为田重进策划，颇有声誉。

[72] 释文莹《玉壶清话》，收入《知不足斋丛书》（台北：艺文印书馆，1966 年）卷一，页 12A—13A：“太祖问赵韩王（普）：‘儒臣中有武勇兼济者，何人？’赵以辛仲甫为对，曰：‘仲甫材勇有文，顷从事于郭崇，教其射法，后崇反师之。赡辩宏博，纵横可用。’遂召见。时太祖方以武臣戡定寰宇，更不暇它试，便令武库以乌漆新劲弓令射，仲甫轻挽即圆，破的而中。又取坚铠，令摞之，若被单衣。太祖大称爱。”然则太祖之所欣赏的，在于他能披甲及擅射，与后来文人知军事强调智谋不同。

[73] 详见陈芳明《宋初弭兵论的检讨（960—1004）》，收入《宋史研究集》（台北：中华丛书编审委员会，1977 年）第九辑，页 63—97。

[74] 略见于注 71。

[75]《长编》卷三〇，页 4。

[76]《长编》卷三〇，页 5—8。

[77]《长编》卷三〇，页 10。

[78]《宋史》卷二九三《冯拯传》，页 9698。

[79]《长编》卷四六，页 16。

[80]《东都事略》卷三五《钱若水传》，页 562。

[81]《长编》卷四五，页 17。

[82] 李德·哈特（Liddell Hart）著、钮先钟译《战略论》（Strategy）（台北：军事译粹社，1955 年），在绪论中说：“战争也和摔角一样，假使不先使敌人自乱步骤和丧失平衡，而直接想把敌人弄翻，其结果只会是使自己搞得精疲力竭。……一个战略性的‘间接路线’（indirect approach）——可能是有意的，也可能是偶然的——即是以使敌人‘丧失平衡’（dislocation）。”

[83]《文庄集》卷十九，页 9B 至 10A。

[84]《宋史》卷二七八《马全义传附马知节传》，页 9450："又监潭州兵，时何承矩为守，颇以文雅饰吏治，知节慕之，因折节读书。"《隆平集》卷十六《何继筠传附何承矩传》，页 612："何氏世为名将，而承矩好学有文，所与游者必贤士大夫，有文集藏于家，……太宗知其好学喜吟咏，前后命中贵赐以御制并书，积五十余轴。"雄州之战见注 47。陈师道《后山丛谈》（台北：广文书局，1970年再版）卷三，页 8B："承矩于雄州北筑爱景台、植蓼花、日至其处，吟诗数十首刻石，人以谓何六爱蓼花，不知经始塘泊也。"

[85]《长编》卷五七，页 8，景德元年九月："先是洛苑副使李允则知沧州，……转西上阁门副使镇定高阳三路行营兵马都监押大阵东西，请对自陈武技非所长，不可以当边剧，上曰：'卿为我运筹策，不必当矢石也。'"卷九三，页 13："允则在雄州十四年。……城北旧有瓮城，允则欲合于大城为一，先建东岳祠，出黄金百两为供器，导以鼓吹，居人等献金银，久之，密自撤去，声言盗自北至，遂下令捕盗，三移文北界，乃兴板筑，扬言以护祠，而卒就关城浚壕，起月堤，自此瓮城之人，悉内城中。……云翼卒亡入辽中，允则移文督还契丹，报以不知所在。允则曰：'在某所。'契丹骇，不敢隐，即归卒，乃斩以徇。"

[86] 详见注 70。

[87] 详见注 90。

[88]《长编》卷三〇，页 10。

[89]《长编》卷三〇，页 6。

[90]《长编》卷四九，页 14，又卷五六，页 4："未几，啰齐（潘罗支）遽集六谷蕃部及咱龙族合击之，继迁大败，中流矢，创甚，还至

灵州界三十里，死。"潘罗支继而请宋人出兵共灭李氏，这时朝廷则答以继迁尚未经殡葬，所以未欲讨除，显然是个托词。见《宋会要辑稿·方域》二一，页 7670 下。宋人也许恐防潘罗支过于强盛，"以夷制夷"的精神在于使夷狄互相牵制，而不使其中一族过于强大。

[91]《宋史》卷二八八。

[92]《宋会要辑稿·蕃夷》六，页 7819。

[93] 范雍的意见见《长编》卷一二六，页 13；刘平的意见见卷一二五页 17；夏竦的意见见卷一二三，页 18 及《文庄集》卷十四"陈边事十策"。

[94]《文献通考》卷三三五《四裔考》十二"吐蕃"，页 2630，不过同一史料又载唃厮啰亦曾击败元昊，其子董毡亦曾击败谅祚。

[95]《宋史》卷二八五《陈执中传》，页 9602。

[96]《宋会要辑稿·兵》二七，页 7260。

[97]《宋史》卷二九五《叶清臣传》，页 9850。

[98]《文献通考》卷一五五《兵七》，页 1351。

[99]《长编》卷一二五，页 19—20："以此知兵之强弱，不击东西，将有谋则兵虽寡，必精而难陷。"

[100] 韩、范、王尧臣意见见下文。田况认为"三军之命，系于将帅"，详见《长编》卷一三一，页 3，庆历元年（1041）二月；欧阳修说当时承平已久，"欲御边则常患无兵，欲破敌则常患无将"，详见《长编》，《永乐大典》卷一二三九九，页 18A。

[101]《长编》卷一四二，页 4，庆历三年（1043）七月。

[102]《宋史》卷三一七《邵亢传》，页 10335。

[103]《长编》，《永乐大典》卷一二四〇〇，页 21B 至 22A，庆历二年

（1042）十一月。

[104] 同注 96，页 7261 上。

[105] 夏竦主张募土兵，杨偕则认为用人得当便可破敌。改革兵制之弊
影响太大，选任人才则花费甚少，但即以神宗与王安石君臣变
法，对兵制也加以改革，但王安石亦曾对神宗说"臣以为募兵
与民兵无异，顾所用将帅何如尔！"见《文献通考》卷一五三
兵五，页 1334 中；同上，页 1335 下又载神宗亦言"兵之强弱在
人"，仍为杨偕之旧调。

[106]《长编》卷一三九，页 14。

[107]《文庄集》卷十四"陈边事十策"。

[108]《宋史》卷二八五《贾昌朝传》，页 9617。

[109]《长编》卷二〇四，页 13—14。当时司马光弹劾渭帅陈述古不救
熟户和弓箭手，不论他们之间有何私人纠葛，他举出这项理由来
攻击对方，显见是会被接受的，才会用来攻击。

[110]《长编》卷一二八，页 17。

[111] 范仲淹《范文正集》（上海：商务印书馆，1919 年）卷十三《东
染院使种君墓志铭》（以下简称"墓志"），页 16A："泾原帅葛
怀敏定川之败，戎马入纵于渭亭。予领庆州蕃汉兵往扼邠城，又
召君分援泾原，君实时而赴，羌兵从者数千人，属羌为吾用自
此始。"

[112]《长编》卷一百九，页 2，天圣八年（1030）春正月，曹玮卒。
"羌虏降者既多，因署其首领为军主或指挥使，或副指挥使，使
统其族帐，止于本军叙进，以其习知虏情与地利，不可徙他
军。……后皆以为法。"

[113]《长编》卷一二八，页 17。

[114] 同注 111。

[115]《长编》,《永乐大典》卷一二三九九,页 9B。

[116]《长编》,《永乐大典》卷一二三九九,页 8B 。

[117]《长编》,《永乐大典》卷一二三九九,页 8B。

[118] 墓志作"有牛家族首奴讹者"则牛家族为族名,奴讹为酋长之
　　　名,或因姓牛,亦作"牛努额",出处见下。

[119]《涑水记闻》卷九,页 98,墓志,页 15B 至 16A,文句稍有不同,
　　　下面接着说:"乃与族众拜伏喧呼曰:'今而后惟父所使。'"《长
　　　编》略同《涑水记闻》,见《永乐大典》卷一二三九九,页 14。

[120]《涑水记闻》卷九,墓志,页 16A。

[121]《长编》卷三一二,页 10,元丰四年(1081)四月:"环州属羌慕
　　　家族首领迎逋数纵火杀人,官不敢问,连诸部欲为寇,知环州张
　　　守约勒兵擒之,及其党三十六人,余逋入夏国,守约驻兵境上取
　　　之,居数日,韦州监军多(口移)执送叛者,乃尽械迎逋等归斩
　　　于环州市。"据以上所载,慕家族人是在后来才逃入西夏,初时
　　　未见与西夏有何勾结。

[122] 种世衡知环州见注 115。种古知环州,见《长编》卷二八四,页
　　　2:"……以永兴军路钤辖种古言前知环州,尝与范纯仁争辨蕃部
　　　等事。"种诊知环州,见《宋会要辑稿·兵》四,页 6822:"十二
　　　月环庆路经略安抚使司言,知环州种诊言:'本州及邻近州军刺手
　　　背弓箭手多相勾扇逃走,或因事投别路州军。……'"《长编》卷
　　　二二八,页 3,熙宁四年(1071)十一月:"上批王广渊言知环州
　　　种诊申有西界投来蕃部之人。"《宋会要辑稿·兵》二八,页 7275
　　　上至下同。同书职官六五,页 3864 上,同年四月二十六日:"皇
　　　城副使兼阁门通事舍人知环州种诊降西作坊副使,依前阁门通事

舍人，坐擅回牒夏国韦州，许其通和故也。"同书职官六一，页
3759 下至 3760 上，冯京推荐种诊、种谔已说："乞与迁换右职，
于环州，保安军任使"，结果种诊充环庆路都监，似乎早有用他
在此地之意。种朴知环州见附录五。徐梦莘《三朝北盟会编》
（台北：文海出版社，1962 年）卷四七，页 7 引《中兴姓氏录》
种师中传："擢知宁州、邠州、德顺军、环州，守环十二年，所至
皆有治声。"卷六十页 7 "种师道行状"："七年，叙复宪州刺史
知环州，公之弟师中作守，阅十有二年而后去，民未忘，闻公之
来，甚惬。"

[123] 脱脱《金史》（北京：中华书局，1975 年）卷一三四《西夏传》，
页 2868："初慕洧以环州降，及割陕西、河南与宋人，洧奔夏国，
夏人以为山讹首领。及撒离喝再定陕西，洧思归，夏人知之，遂
族洧。"

[124]《涑水记闻》卷九，页 98—99；墓志，页 16B 略同，但以"三川"
为"二川"。

[125]《涑水记闻》卷九，页 98—99。

[126] 沈括著、胡道静校注《新校正梦溪笔谈》（香港：中华书局，
1975 年）卷十三，页 148："宝元中，党项犯边，有明珠族首领
骁悍，最为边患。种世衡为将，欲以计擒之，闻其好击鼓，乃造
一马，持战鼓，以银裹之，极华焕，密使谍者，阳卖入明珠族。
后乃择骁卒数百人，戒之曰：'凡见负银鼓自随者，并力擒之。'
一日，羌酋负鼓而出，遂为世衡所擒。"

[127] 墓志，页 17A："君处细腰月余，逼以苦寒，城成而疾作，以庆
历五年（1045）正月七日甲子启。"《长编》卷一五三，页 13，
庆历四年十二月："世衡时卧病，即日起兵，会（蒋）偕于细腰。"

则以世衡出兵前已病，不知有何根据。墓志，页 16B 有一段类似的文字："君久悉利病，即日起兵，会偕于细腰。"但这只是说世衡知道筑城的利弊，并不是真的病，或者李焘未至于弄错，可能另有所据。《涑水记闻》卷九，页 99 也说："世衡在役所得疾。"而不说他出兵前已生病。

[128]《长编》卷一五三，页 13，庆历四年（1044）十二月："范仲淹复檄蒋偕筑堡大虫巇，堡未完而为敏珠尔（明珠）、密桑伺间要击，偕辄从间道遁归，伏经略使庭下请死。王素将赦其众，今复往毕功以自赎，……偕潜兵伺击，斩首四百级。"

[129]《涑水记闻》卷九，页 98："世衡尝以罪怒一番落将，杖其背，僚属为之请，莫能得。其人被杖已，奔赵元昊，甚亲信之，得出入枢密院。岁余，尽诇得其机事以归，众乃知世衡用以为间也。"这项行动在困难与成就方面都不下于王嵩反间，既"尽诇得其机事"，为何反不见更详细的记载？《长编》也不采用这条史料。

[130] 见附录一"种世衡反间计考异"。

[131] 墓志，页 18A 至 B。

[132]《涑水记闻》卷九，页 99："初，洛苑副使种世衡在青涧城，欲遣僧王嵩入赵元昊境为间。"卷十一，页 123："青涧城使种世衡欲离间其君臣，遣僧王嵩赍龟及书遗之。"

[133] 墓志，页 14A："君胆勇过人，虽俯逼戎落，曾不畏惮，与兵民暴露数月，且战且城。"则筑青涧城时发生过战斗，《长编》卷一二八页 17 也说，世衡筑青涧城"且战且城"，恐亦由墓志而来；但墓志到底是一般言之，还是肯定发生会战，尚未明白。然既为李焘之所采，姑存其说。

[134]《东都事略》卷七十《王尧臣传》，页 1069。

[135]《欧阳永叔集》十二"奏议集"，页 56"论乞不勘狄青侵公用钱札子"。

[136]《宋史》卷二八七《李昌龄传附李纮传》，页 9654。

[137]《长编》卷一四五，页 19。

[138]《长编》卷二三八，页 17。

[139]《文献通考》卷一五三兵五，页 1338 下。

[140]《长编》，《永乐大典》卷一二三九九，页 13A 记载，庞籍初到延州时，命狄青在金明西北筑招安寨，王信筑龙安寨，周美取承平寨，继而筑十一堡，"悉复虏所据"；页 13B 就记载，种世衡和周美一起去取承平寨时，主张赍三日粮直捣贼兀。"文思使周美曰：'彼知吾来，必设覆待我，不如间道掩其不意。'世衡不听，美独以兵西出芙蓉谷，大破贼，而世衡等独无功。"这次行动中，他的战友周美、狄青和王信都有功，世衡则无功。如果周美的估计正确，则世衡便已中伏，所谓"无功"，恐怕也是饰词。不过《墓志》、《涑水记闻》和本传所见的种世衡足智多谋，恐怕不致如此鲁莽。或者《长编》所据的史料来源不同，但除了这件事外，还没有其他的例证，可以否定关于种世衡有智谋的记载。《长编》将此事系于庆历二年（1042）四月戊子，"是日，降诏奖谕知延州庞籍等"，然后才补叙他们的功绩，当时种世衡已赴环州。可见庞籍刚收复各寨不久，故不愿范仲淹调走世衡。

[141] 当然，这可能只因为种世衡未尝大败。宋人对边将的了解程度，往往可疑。刘平被仁宗称为"诗书之将"，又说"知卿有将略"，见《长编》卷一一五，页 4；但到了延州之败后，陈执中便说"刘平轻躁，丧其所部"，见《宋史》卷二八五《陈执中传》，页 9602。葛怀敏被范仲淹认为不可用，而陈执中却推他为当今名

将，见《宋史》卷二九〇《郭逵传》，页 9723。可见宋人论将不
乏事后孔明之论。故种世衡的评价较为一致，恐亦由于未尝大
败，于是得以和狄青齐名。

[142]《涑水记闻》卷九，页 97，此事墓志、《长编》均不载。

[143] 参见注 84 及注 85 有关细节。

[144] 墓志，页 14A。

[145] 墓志，页 14B。

[146] 沈括《补梦溪笔谈》，在《新校正梦溪笔谈》，卷二"权智"，页
    312："世衡延置门下，恣其所欲，供亿无算。崧酗酒，狎博无不
    为，世衡遇之愈厚。"

[147] 同注 142，《长编》将此事系于环州任上，见《永乐大典》卷
    一二三九九，页 10A。

[148]《长编》卷一二八，页 17。

[149] 同注 142，页 98；《长编》略同，见《永乐大典》卷一二三九九，
    页 10A。

[150] 同注 142，"世衡以官钱贷商旅使致之，不问所出入"。

[151] 同注 149，又载："（世衡）将行，别庞公，拜且泣曰：'世衡心肠
    铁石，今日为公下泪也。'"《长编》同，见注 149。

第三章　种氏子弟之晋身

　　种世衡死后，他的八个儿子大都做了官，有五个更继起为将，除种咏早死外，[1] 种古、种诊和种谔合称为"三种"，幼子种谊在元祐二年（1087）发动洮州之战，声名骤起，成为种氏将门第二代中最有战功的一人。[2]

　　种氏将门的第二代在种世衡之后如何仕晋，是本章讨论的中心。

　　庆历五年（1045）正月七日，种世衡在筑完细腰城之后去世。根据范仲淹撰写的墓志，当时种诊、种咨、种咏和种谔都已做了官，种诊是试将作监主簿，种咏是同州澄城尉，种咨是郊社斋郎，种谔是三班奉职。[3] 他们都受世衡的荫而得官。[4]

　　至于世衡本人的仕晋，则受种放的荫，为将作监主簿，历任文官，做到大理寺丞，便转内殿承制，才成为武官。[5] 前文提及过种放没有儿子，他的诸侄受荫而仕进的，有种世雍、种世衡，[6] 种世衡的弟弟世材也做官，[7] 不过不知是否受荫。因此，种世衡和他的四个儿子都是通过恩荫的途径而得官的。

　　然而种世衡的儿子中，有两个似乎本来没有打算走上同一道路，就是长子种古和幼子种谊。《东都事略》载种古 [8] "少慕从祖放为人，不事科举，父世衡欲乞荫补官，诂（古）辞以推诸弟，杜门读书，时称'小隐居'"。[9] 这就是说种放对于种古仍有影响，他既不去考科举，也不受恩荫，"抗志不仕"。[10] 不过按照《涑水记闻》所载，他隐居之后"既而人莫之省"，[11] 于是赴阙自言，控告庞籍吞没了他们父子之功，"自取两府"，掀起"反间计"的公案。[12] 按照司马光这样的记载，种古的抗志不仕，只是为了博取名誉，[13] 但结果没人理睬，便不惜控告庞籍，企图获得一官，从他说庞籍"掩臣父子之功"[14] 一句话可以看出，他似乎也要分一份功劳。《涑水记闻》既载有种放的劣行，又这样描述种古的为人，似乎很不以为然，不过纵使撇开这一点不论，据第一章所讨论，种放之所以受重视，与宋初崇文，鼓励士大夫仕进的风气有关，种放是被用来显示朝廷政策的模范。种古除非真的不想仕进，否则再按照种放的旧路，便不再有优胜之处，宋仁宗时文人地位已得到提高，官僚制度也已确立，再凭着隐居之名，怎会如种放那样受宠遇？庞籍曾为种世衡解释用官钱的过失，种古却控告他吞功，理由又不充分，[15] 似属忘恩负义。但这毕竟是求官的方法，《长编》卷一六七，页 13—14 综合了《涑水记闻》和《宋史·种世衡传》，记载了这件事，系于皇祐元年（1049）十一月，讼词略同《涑水记闻》（见于附录一"种世衡反间计考异"），结果则"朝廷虽知古妄言，犹念世衡旧劳，自东染院使赠刺史，录其子之未仕者；古复上书诉赏薄，于是加赠团练使，特授古天兴尉，令御史台押出城，趣使之官"。[16] 据这个记载，种古这次讼功，虽然未能打击庞籍，但朝廷念种世衡的劳绩，收录了他未有官的儿子。种古第二次上诉的已是"赏薄"，又得到了天兴尉。这次得官虽然已在世衡死后，不是正式的恩荫，但所凭的毕竟仍是家世。

据《东都事略》所载，种谊"少力学，举进士，于六经百氏，略通其意，熙宁初，兄诂（古）召对，因问其世家，以谊为三班奉职"，[17] 然则种谊先从进士科仕进，但后来神宗自种古处得知他的家世，便让他转武官，做三班奉职。不过《宋史》的传却没有提到他少年曾习文和举进士，只记载了"熙宁中，古入对，神宗问其家世，命谊以官"。[18] 好像种谊到熙宁（1068—1077）时才得官。同时，若种古在皇祐元年（1049）讼功时朝廷已"录其子之未仕者"，种谊怎会到熙宁时还没有官？但无论如何，种谊得到三班奉职的官位，仍然是由于他的家世。[19]

即以种古和种谊这两个比较特别的例子来看，种古早年隐居读书，种谊少年习进士之业，但他们的仕进仍和家世有关。

种世衡的孙辈中知名的有种谔之子种朴、种记之子种师道和种师中。《宋史》载"朴以父任右班殿直"；[20] 折彦质所撰《种师道行状》则说种师道也是受伯父种谔荫为三班奉职的。[21] 徐梦莘《三朝北盟会编》（以下简称《会编》）引《中兴姓氏录》说种师中"以世荫常历秦州司户参军，授内殿承制"。[22] 然则三人亦皆凭家世而得官，由此可说种氏将门的重要成员几乎全凭家世而晋身的了。

北宋有恩荫之制，或称为任荫。据日本学者梅原郁的解释，所谓恩荫，在使未有官位的人得官的情形叫荫补，在使已有官位的人得以特别擢升的情形叫任子。[23] 在圣节（皇帝的生辰）、官员致仕和逝世等情况下都有恩荫之例，甚至发展到郊祀时也容许恩荫，作为对官员的施恩，让他们奏请子弟做官。转运使和边任的文臣在到任后也可以奏子弟为官。[24]

其中圣节是一年一度，郊祀是三年一度，属经常性，所受的抨击较大。据《长编》卷八四，页1，可知大中祥符八年

（1015）正月所定承天节（真宗生辰）和南郊奏荫子弟的条例，分为九等：[25]

表三　大中祥符八年正月所定承天节南郊荫子条例（《长编》卷八四，页1）

官位	荫子	荫弟侄孙
宰臣、枢密、节度使带平章事	东头供奉官	左侍禁
枢密使、参知政事、枢密副使、宣徽、节度使	西头供奉官	右侍禁
左、右仆射、太子三少、御史大夫、文明殿学士、资政殿大学士、诸行尚书	左侍禁	左班殿直
三司使、翰林、资政殿、翰林侍读、侍讲、龙图阁、枢密直学士、左右常侍，上将军、统军、太常、宗正卿、御史中丞、左右丞、诸行侍郎、两使留后、观察使、内侍省使	右侍禁	右班殿直
给事、谏议、中书舍人、知制诰、龙图阁直学士、侍制、三司副使、防御、团练、客省引进、四方馆、阁门使、枢密都承旨	右班殿直	三班奉职
大卿、监、带职少卿监、诸州刺史	三班奉职	三班借职
（南郊）诸卫大将军、少卿、监、诸行郎中、带职员外郎、内诸司使、枢密诸房承旨	三班奉职	三班借职
诸卫将军、诸司副使	三班借职	——
枢密诸房副承旨	三班借职	——

　　（附）《文献通考》职官十八，页579—580所见宋代武官之等级制度

　　宋朝武选之称，自内客省至阁门使副为横班；自皇城至供备库使为诸司正使；自皇城至供备库副使为诸司副使；自内殿承制至三班借职为使臣。元丰官制行武阶，犹未及改。政和二年，乃诏易以新名：正使为大夫，副使为郎，而横班十二阶使副亦然。六年，又增置宣正、履正、协忠、翊卫、亲卫大夫郎，凡十阶，通为横班。自太尉至下班祗应，凡五十三阶。

新官	旧官
太尉（政和新置，以太尉本素主兵，官遂定为武阶之首）	——
通侍大夫	内客省使
正侍大夫	延福宫使
宣政大夫（政和新置）	履正大夫（政和新置）
协忠大夫（政和新置）	——
中侍大夫	景福殿使
中亮大夫	客省使
中卫大夫	引进使
翊卫大夫（政和新置）	——
亲卫大夫（政和增置）	——
左武大夫	东上阁门使
右武大夫	西上阁门使
正侍郎（政和增置）	——
宣正郎（政和增置）	——
履正郎（政和增置）	——
协忠郎（政和增置）	——
中侍郎（政和增置）	——

新官	旧官
中亮郎	客省副使
中卫郎	引进副使
翊卫郎（政和增置）	——
拱卫郎（政和增置）	——
左武郎	东上阁门副使
右武郎	西上阁门副使（已上系横班）
武功大夫	皇城使
武德大夫	宫苑、左右骐骥、内藏库使
武显大夫	左藏库、东西作坊使
武节大夫	庄宅、六宅、文思使
武略大夫	内园、洛苑、如京、崇仪使
武经大夫	西京左藏库使
武义大夫	西京作坊、东西染院使
武翼大夫	供备库使（已上系诸司正使）
武功郎	皇城副使
武德郎	宫苑、左右骐骥、内藏库副使
武显郎	左藏库、东西作坊副使
武节郎	庄宅、六宅、文思副使
武略郎	内园、洛苑、如京、崇仪副使
武经郎	西京左藏库副使
武义郎	西京作坊、东西染院礼宾副使
武翼郎	供备库副使（已上系诸司正使）
敦武郎	内殿承制
修武郎	内殿崇班

新官	旧官
从义郎	东头供奉官
秉义郎	西头供奉官
忠训郎	左侍禁
忠翊郎	右侍禁
成忠郎	左班殿直
保义郎	右班殿直
承节郎	三班奉职
承信郎	三班借职（以上保使臣）
下班祗应	殿侍

　　注：右宋制，武阶旧有横行正使、横行副使，有诸司正使、诸司副使，有使臣。政和易以新名，正使为大夫，副使为郎，横行正副亦然，于是有郎居大夫之上。至绍兴，始厘正其序（自正侍郎至右武郎，旧在武功大夫之上。今厘正在武翼大夫之下、武经郎之上）。又通侍大夫，旧为内客省使，国朝未尝除。人自易武阶，不迁通侍，沿初意也。转至忠侍无磨勘者，特旨：除修武郎以上为大使臣，承信郎以上为小使臣，五年一转，至武功大夫有止法。

　　表三中所见武臣恩荫的条例，可作如下的归纳：

　　（1）不论文武，都可以奏荫子弟为武官。（不过，据《长编》卷一四五，页10所载庆历三年（1043）的改革方案中只规定武臣的等级，可想象文臣荫子弟为武臣的现象似非十分普遍，所以才没有另加规定。）

　　（2）政和（1111—1118）改制前的武官等级（见表四），最下为殿侍，之上由三班借职到内殿承制称为"使臣"；由供备库副使到皇城副使称为"诸司副使";由供备库使到皇城使为"诸司使";[26] 由西上阁门副使到客省使为"横班",[27] 或称为"横行"。[28] 在上列的条例中,授予的官位全是属于"使臣"的等级之中,最高为东头供奉官,最低为三班借职。"使臣"本身则没有荫子的资格;起码要到"诸司副使"才有。换言之,在大抵分为四层的武官层中,上三层有荫子资格,下面的"使臣"就没有了。

(3)上三层的武官所奏荫授予的官位相差一级,"诸司副使"之子可得三班借职,"诸司使"之子可得三班奉职,"横班"之子可得右班殿直。换言之,武臣只要做到"诸司副使"以上,每年就可以奏请朝廷,安插一些子弟进下层的武官中。[29]

这些经常性的荫授,史传通常都不另加声明的,如种放荫种世衡为将作监主簿,种世衡荫种谔为三班奉职,种谔荫种朴为右班殿直,都不知是在哪一种场合,亦正因为没有另外说明,可能就是属于这些经常性荫补。范仲淹、张方平、何郯等批评恩荫制度,也主要是针对这一方面而言。[30] 明显地,年年如是地荫补,将造成大量冗官,其弊自然甚于非经常的恩荫。

显而易见,恩荫只和官位的获得有关,与兵权的谁属没有联系,所以恩荫和将门形成的关系也仅在官位方面,受恩荫的武臣子弟并不就成为武将。不过又有一种特例,可说和将门的形成和延续略有关系,就是战殁的特恩。一将战死,朝廷常会授官给他的子弟,梅原郁说在《长编》中找到六十个左右这样的例子。[31] 不过这方面的条例却似乎没有详细地确定下来。[32]

利用武将子弟复仇的意识,再起用他们为将,是常见的事。如刘平在延州之战为西夏所擒,朝廷即起用其弟刘兼济知原州,"仁宗慰勉之曰:'国忧未弭,家仇未报,不可不力也。'"[33] 庆历三年（1043）沂州王伦之变发生，攻略州县，欧阳修当时提出一个对策，"乞寻访被杀朱进或有男儿，便与一官，令其捕贼以复父仇，仍许令乘驿随逐，指射兵士随行"。[34] 武将中往往有与敌国世仇者，本身也勠力自效的；[35] 甚至朝廷在派遣使节时，往往要避开这些家庭，杨业的从孙杨畋就因此不愿使辽。[36] 然而无论如何，这些做法似已超越了恩荫制度，既没有制度化的明确规定，且近于政治手腕。

那么，恩荫制度与将门的形成有何关系？大概仍在于使武臣子弟获得晋身之阶。当然这相对来说没有什么特别意义，因为不论文武都有恩荫之例，武臣没有什么优惠之处。不过荫为"使臣"的子弟虽未算将，但已是一个开端。

然而朝廷中还有些不成文的惯例，也许比恩荫更有助于将门的形成。何郯所指的"横恩"，或即包括这些恩类。[37] 即以武将子弟而言，有时奉命赴阙，可能得到天子的特恩。这种机会往往是非正式的，王文郁曾和他的子弟在御前表演武艺，结果两个儿子得了官；[38] 最成功的例子是赵振的儿子赵珣，景祐三年（1036）时他随同父亲一起上阵图，又和弟弟赵瑜一起在御前表演武艺，"左右驰射，括双箭，蹶强弩，系剑盘，凡二十七枝，中选八九。帝悦，称善"。于是得以由右班殿直补阁门祗候，赵瑜由三班奉职迁为右班殿直。[39] 不久陕西用兵，他上《聚米图经》一书而得到重视，甚至被认为是军兴以来人才第一，[40] 不过他后来在定川之战中战死，[41] 其家门遂未能有重大发展。此外，在报捷、求兵等场合，北宋武将也有用子弟来充当的情况，因而造成得见天子的机会。[42] 种氏子弟中，种朴便是因这种便利而获擢升的，他先以"父任为右班殿直"，到种谔上横山之议时，便让他去汴京呈交，于是得到神宗的接见，"帝召朴问状，擢为阁门祗候"。[43] 这种机会实非一般人所能有；然而家世在这里所起的作用，在于觐见的机会，而不在官位的高低，天子的赏识与否是极重要的。即同以种朴而论，第一次神宗擢升了他，但到永乐城之败后，种谔想为他求官，奏请"望特奖擢"，结果反被认为"乃妄敢为子弟乞恩，初无忌惮，特罚铜三十斤"。[44] 永乐覆师，神宗郁郁不乐，[45] 种谔父子在这时冀望得恩，可谓不合时宜。从此亦可见这种不成文的特恩或"横恩"，固有助于将门子弟的晋身，但常系于天子的好恶，不能称之为制度，尤不宜归入恩荫制度之中。

然而就恩荫制度本身而言，虽然文官可以荫子弟为武官，[46] 武官也有荫子弟为文官的，[47] 但这种情况并不如武臣子弟受荫后转文资的现象来得明显。转换文资，初时比较容易，真宗大中祥符三年（1010）时定的条例，甚至不习文辞的也有机会，但后来越来越严格，家世和教育水平成为重要条件。天圣八年（1030）时定下的条例，几乎只有本属文资之家的武臣才可以换文资。这就将转换文资变成只为那些以前由文转武，现在想再回文资的臣僚而设的条例，一般的武夫是没有资格的。然而到庆历三年再一次修改之后，就没有规定"委是文资之家骨肉"[48] 才可以换官，大抵只需三代有人做过文官，便算符合家世的要求，通过考试便可以成为文资官。（详见附录二"北宋武臣换文资条例述要"）

恩荫制度再加上换官法，武臣子弟便可以在得官之后转为文官，脱离武事。夏竦便是如此，他父亲是武将，曾经跟随大将范廷召在至道二年（996）参与五路会师乌白池之战，他自己出于将家，但结果做了文官。[49] 种氏子弟中，种谔一度换文资，[50] 种师道更在三十岁前后通过考试转为文资官，一直到晚年才复为将帅。[51]

武臣子弟转文资，不仅在制度上有这个可能，而且也是风气之所趋，北宋的文人中不难找到他们先世是武人的例子。如张鉴是"瀛州团练使藏英之孙。父裔，以荫补供奉官。鉴本将家，幼能嗜学，入卫州霖落山肆业，凡十余年，太平兴国三年，擢进士第"。张藏英有"报仇张孝子"之名，曾为辽将，后周时率部归中原，[52] 他的孙子在太宗朝已中进士。鲜于侁的先世则据说是唐剑南节度使；[53] 唐庄宗的大将阎宝之子在五代末已"虽出将家，不喜战斗，独好学，通三礼，……大宋受命，天下将平，乃出以三礼举中建隆某年某科"，[54] 欧阳修所撰的神道碑对此大加褒美。[55] 宋初宿将王审琦家，累世武荫，到仁宗朝也出了一位进士王克臣，"仁宗阅其文，顾侍臣曰：'贤穆有孙登科，可喜也。'"[56] 刘平出自将家，但却凭进士入仕，以致被称为"诗书之将"；[57] 好水川之战阵亡的桑怿，据说以用剑和铁铜驰名，却也考过进士，只是没有登第。[58] 从上所见的这些武人或其子弟，他们并非通过恩荫然后得官的途径，而是通过习文业，考科举，不以家世的途径得官。

国初诸将的子弟，有的也染习文风，如何继筠之子何承矩，颇以文雅饰吏治；[59] 马全义之子马知节"习兵事，以方略自任，颇涉文艺，每应诏，亦为诗咏，所与游接，必一时名士"。[60] 王汉忠出身于徐州军人，"少豪荡，善臂力，形质魁岸，善骑射"，但也"好读书，颇能诗，喜儒士，待宾佐有礼"；[61] 屡历方镇的陈思让，他的儿子也中了太平兴国五年（980）的甲科。[62] 反

之文臣之子，如薛居正之子惟吉"少有勇力，形质魁岸"，好
与京师少年交结，太祖便说他是"不肖子"，他于是一洗故态，
"多接贤士大夫，颇涉猎书史"；[63] 陈恕的儿子常习武艺，欲为
军校，但为真宗所反对，说："戎校管镇兵，非丞郎家子弟所莅
也。"[64] 在这样的政治风气下，甚至有的武将也不鼓励子弟继起，
如在飞狐之战出力甚多的荆嗣，"临死，垂涕谓其子曰：'吾累世
为将者，其后不昌。'"[65]

　　从上述事例中可见宋初以来，武人颇习文儒，其子弟也有
转化为文官的倾向。这些人中以夏竦的政治地位较高，但若论
文艺方面，则莫如米芾和王诜。米芾"好古博雅，世以其不羁，
士大夫目之曰米颠"，[66] 其书法理论有《海岳名言》一书，[67]
山水画中的"米点"，据说创始于他，开"米家山水"一派，后
人归入南宗。[68] 他的先世是雍熙北伐的大将米信，在他父亲一
代始习文业。[69] 王诜是王全斌的后裔，属于王凯的一支，[70] 以
贵家子弟和英宗公主成婚，雅好书画，无论在创作与收藏方面
都负有盛名。[71] 他们虽已是北宋末年的人，但亦足以代表为武
将子弟在文艺方面的成就。

　　恩荫制度和换官法既意味着武臣子弟转资的可能性，而
北宋的政治风气又崇尚文儒，武臣子弟转化为文臣的途径存
在，则恩荫制度诚能使武臣子弟得官，但在重文轻武的风气之
下，其能形成将门，显然并非恩荫制度所能解释。同时种氏将
门的先人种放本是文人，到世衡才由文换武，既本出于文资之
家，转回文资比较容易；然而却形成了将门。因此，种氏子弟
虽借父祖恩荫而获得晋身之阶，但与其日后为将立功，仍有很
大距离。

注　释

[1] 种咏的生卒不详，据《长编》所载，他在熙宁三年（1070）的李复
圭出兵案成为受害者，死于狱中。《长编》卷二一四，页 23，熙宁
三年八月己卯："斩环庆路铃辖李信、庆州东路都巡检刘甫。初，夏
人以兵十万筑垒于其境内，李复圭出阵图、方略授信、甫及监押种
咏，使自荔原堡约时日袭击，信等如其教，……与战不利，多所
失之退走荔原堡，复圭急收前所付阵图、方略，执信等付宁州，命
州官李昭用劾以违节制，咏以庾死。狱成，信等伏诛。"同书，卷
二四一，页 6，熙宁五年（1072）二月己丑："御史盛言：'而复圭轻
脱，迫遣偏将李信、刘甫、种咏等连夕出兵，……又诬之违节制，
以此咏死狱中。'"是以种咏只做到兵马监押，便受诬而死。

[2] 种谊洮州之战，出师只八日，克洮州，擒鬼章，瓦解青唐、西夏联
军侵熙河的危局，举朝称贺；种谔虽发动四次战役，但只有绥州之
役以全胜结束，其他都功亏一篑，详见附录三"种谔的四次战役"。

[3] 墓志，页 18A。

[4] 墓志虽未明言，但据《东都事略》所记，种古"不事科举，父世衡
欲乞荫补官，诂（古）辞以推诸弟"，可见种诊诸弟即应为受世衡
之荫者。见卷六一《种世衡传附种诂（古）传》，页 922。

[5] 墓志，页 17A—18A，载种世衡历任文官，由将作监主簿"五迁至
太子中舍。初监秦州太平盐，以母老求养，又监京兆府渭桥仓，邛
州惠民仓，知泾之保定，京兆之武功、泾阳三邑。……历通判镇戎
军、环、凤二州。凤之守王蒙正托章宪外姻，以私居，复欲以贿污
君。君正色不纳，蒙正大怒，乃使人谕王知谦讼君，蒙正内为之
助。狱成，流窦州。上亲政，量移汝州，君之弟世材以一官让君，
乃除孟州司马。龙图阁直学士李公纮雪于朝，授卫尉丞：主随州榷

酤，又礼部尚书宋公绶，工部侍郎狄公棐皆言君非辜，改知虔州赣县，君辞得监京北军资库，以同、鄜交辟，改签署同州判官身，又移鄜州，因从军延安，乃有故宽州（青涧城）之请"。《宋史》卷三三五本传略同。

[6]《宋史》卷四五七《种放传》，页 13427："录其侄世雍同学究出身"；卷三三五《种世衡传》，页 10741："以放荫补将作监主簿"。

[7] 种世材事迹不详。他曾将一官让给世衡，见注 5；又参见附录六"种氏将门的其他分子与其他姓种的人"。

[8] 种古或写作种"诂"，如《东都事略》卷六一《种世衡传附种诂传》，《涑水记闻》卷九，页 99 及卷十一，页 124 都作"种诂"。《八琼室金石补正》卷一百七，页 9"草堂寺题刻八段"有李固与种古、种诊唱和的石刻，题作"种古"，其字为"太质"而非《东都事略》及《宋史》所载的"大质"。至于为何加上言字旁，《八琼室金石补正》作者认为"盖涉谔、谊、诊而误加言旁"，见页 11。

[9]《东都事略》卷六一《种世衡传附种诂（古）传》，页 922："诂字大质，少慕从祖放为人，不事科举，父世衡欲乞荫补官，诂辞以推诸弟，杜门读书，时称'小隐君'。"《宋史》附传，页 10744 略同。

[10]《涑水记闻》卷九，页 99。

[11]《涑水记闻》卷九，页 99。

[12]《涑水记闻》卷九，页 99。详见附录一"种世衡反间计考异"。

[13] 同注 10："东染院使种世衡长子诂，初抗志不仕，慕从祖放之为人，既而人莫之省，皇祐中诣阙自言。"

[14] 同注 12。

[15] 同注 12，种古说种世衡派僧人王嵩为间谍，使元昊杀了大臣旺荣兄弟，但庞籍指出世衡死时旺荣兄弟还未死。

[16]《长编》卷一六七，页 14，皇祐元年（1049）十一月。《涑水记闻》卷九，页 99—100 及卷十一，页 124 略同，但卷十一的一条以种古透过谏官钱彦远上言，及朝廷以他为"天兴尉丞"，司马光自己也说"故当两存"，今从《长编》。

[17]《东都事略》卷六一《种世衡传附种谊传》，页 926。

[18]《宋史》卷三三五《种世衡传附种谊传》，页 10748。

[19] 如果种谊已考中进士，那么他被授予三班奉职，就是将文换武；如果他未曾考中，则三班奉职是晋身的初官。然而三班奉职属于武官中最低下的几级之一，本来中了进士的种谊，似可获更高的官位。

[20]《宋史》卷三三五《种世衡传附种谊传》，页 10749。

[21]《三朝北盟会编》卷六十录折彦质撰"种师道行状"（以下简称"行状"），页 12"谔以郊祀恩，补三班奉职"；《东都事略》卷一百七《种师道传》更载"年二十，以伯父谔荫为三班奉职"，见页 1633。

[22]《三朝北盟会编》卷四七，页 7。

[23] 梅原郁《宋代の恩荫制度》，收入《东方学报》第五二册，1980 年，页 502。

[24] 同上，《文献通考》卷三四选举七，页 324 引止斋陈氏："台省六品、诸司五品必尝登朝历两任然后得请，不请则不备矣；太宗淳化，始因改元，恩需，文班中书舍人、武班大将军以上并许荫补，如遇转品即许更荫一子，而奏荐之广自此始矣。"下文又说到了至道二年（996），又再有圣节推恩之令。真宗东封泰山，自此又开郊禋奏荐之例。致仕之类并非经常性，据《宋会要辑稿·职官》七七，页 4150 下所载，景祐三年（1036）甚至规定必须是自己乞

求致仕才有荫子的权利，若被特令致仕，便没有这个优待。

[25] 梅原郁文有列出元丰（1078—1085）以前的恩荫表，但与庆历新政的更改似不合，见《长编》卷一四五，页 10。

[26]《文献通考》卷五八职官十二，页 531 下："宋朝横班有内客省使，引进使，四方馆使，东上阁门使，西上阁门使。……号为华要，礼均侍从，政和官制横班使副之名既改为大夫。"

[27]《文献通考》卷五八职官十二，页 531 下。

[28]《燕翼诒谋录》卷四，页 38—39："若武臣横行，正副使之称，……横行以十二阶易十二阶犹之可也，……"则仍是指横班。

[29] 庆历三年的改革方案，荫子所补的官位明显地降低，这可能正是引起一般官员不快的一个原因。然而另一方面，有荫子权利的官员似乎增多。《宋史》卷三五五《崔台符传》，页 11186 载他的一个提议："旧制，武臣至内殿崇班，始荫其族，台符言：'文吏州判司犹许用荫，武臣五岁一迁，自借职四十年乃得通朝籍，轻重不相准，请自供奉官即许用荫。'从之。"似乎在崔台符以前，准许荫子的下限已由诸司副使推延到内殿崇班，扩大到"使臣"的等级中了；崔台符更建议连供奉官也可以用荫，则只有左右侍禁、左右班殿直、三班奉职、借职、差使和殿侍九级是不能荫子的了。他所说武臣五岁一迁，自借职到内殿崇班相差八级，正好要四十年，指的是磨勘制度。文臣三年一迁，武臣五年一迁，本已是文武之间不平等的现象，他的解决方法是扩大武臣方面的恩荫而不是收紧文臣方面的磨勘。此外范仲淹、张方平都有提及大臣子弟奏荫之弊，见注 30。

[30] 范仲淹《十事疏》："二曰抑挠幸，……臣闻先王延赏于世，诸侯有世子袭国，……未闻余子皆以爵命；其次宠待大臣，赐一子

官者有之，未闻每岁有自荐子弟者，……两省等官既奏得子充京官，优于僚庶，复更每岁奏荐，积成冗官，假有任学士以上官，经二十年者，则一家兄弟子孙出京官者二十人，仍接次升朝，此滥进之弊也。今百姓贫困，冗官至多，授任既轻，政事不举，俸禄既广，刻剥不暇，审官院常患充塞，无阙可补。"见《长编》卷一四三，页4。张方平在庆历八年（1048）得对，向仁宗说："臣曾勾当三班院，在院使臣，景祐中约计四千余员，今六千五百余员，……武臣自诸司副使，军职大校以上，至于宫掖嫔御内臣近职，每岁或遇郊恩，奏荫皆有常例。又文武官因职任或致仕，遗表及诸色特恩录用，又诸班殿侍，三司、军大将、内外胥吏、牙校出职如计会每岁入官之路，徼幸攀援，日生新例，不可胜数。"见《长编》卷一六三，页8；又卷一六九，页3，皇祐二年（1050）八月侍御史何郯上言："自公卿以下，至庶官子弟，以荫得官，及他横恩，每三年为率，不减千余人，……臣欲乞今后文武官僚官序，合每岁遇乾之节得奏荐亲属之人，除子孙依旧外，期亲侯遇郊禋，许奏一人，其余亲属，再郊禋许奏一人。……一年内可省入官数十人。"卷一八二，页8，嘉祐元年（1056）四月诏："见任二府、使相、宣徽、节度使、御史、知杂、恶罢乾元节恩荫。……自是每岁减入流者'无虑三百员'。由以上各人的意见可发现，主要针对的是每年一度的圣节和三年一度的郊祀，而改革的目标也首先指向这方面。

[31] 梅原郁《宋代の恩荫制度》，收入《东方学报》第五二册，1980年，页511。

[32]《长编》卷十四，页3，开宝六年（973）三月："先是诏：'朝臣有将命远方死王事者，得录其子。'"可见在太祖时已有这种条

例，不过未知其详。从北宋各朝的事例来看，条例常有更动，甚至没有很明确的界限。如庆历二年（1042）环庆路部署司（范仲淹）提议详细地分战胜和战败两种情况处理，前者较为优遇，韩琦即加反对，认为"人命至重，岂以胜负为言"，于是又将条例改回原样，录子孙二至三人，见《长编》，《永乐大典》卷一二四〇〇，页2B，庆历二年六月。另一方面，庆历二年十月已下诏："战殁臣僚子孙若亲属补班行而年幼，特令俸。"见《宋会要辑稿·职官》五七，页3699下。然而《长编》卷三一一，页17又载，元丰元年（1078）三月："中书户房言：'诸因战阵及捕盗陷没，其亲属录用充承奉以上及使臣三班差遣、借差、殿侍，虽年少未该出官，其俸钱衣粮乞与支给，仍着为令。'从之。"似乎以前并未"著为令"。即以这时开始"著为令"，《宋会要辑稿·职官》五七，页3674上，元丰七年（1084年）："正月一十日，东上阁门副使景思谊母德安县太君董氏月特支钱二十千，候思谊子有俸日住支。盖思谊以随军没于永乐故也。"然则景思谊的幼子仍然未能取俸。至于将领战死后，子弟因此得官的例子虽然甚多，如杨业之子杨延朗（延昭）即迁为崇仪副使，其他五个儿子也各有迁官或荫补，见《宋史》卷二七二本传，页9306；但《长编》卷二四五，页9—10："梓、遂州走马承受张宗望等言西京左藏库副使景思忠等，……四人并军士二百九十四人皆死之，诏熊本考实以闻，后本以死事人名来上。录思忠子昌符等凡七人为三班奉职至殿侍。……旧无录子孙例，而本为思忠等陈乞，上怪其军行次第极狼狈，但各与一人恩泽。"这已是熙宁六年（1073）五月，仍说"旧无录子孙例"，似乎以前所有的都是特恩，神宗"怪其军行次第极狼狈"，便只与一人恩泽，而不是范仲淹时的二至三人，似乎不能说有何制度。

[33]《宋史》卷三二五《刘平传附刘兼济传》，页 10504。

[34]《欧阳永叔集》十二"奏议集"，页 12。

[35] 如金明寨李士彬，夏元亨说"李士彬与羌世仇"，见《长编》卷
一二三，页 8；好水川战死的王珪临出战，"谓其家人曰：'我前
后大小二十余战，杀敌多矣。今恐不得还。我死，可速去此，无
为敌所仇也。'；及敌攻瓦亭，购急，果如所料"。见《宋史》卷
三二五本传，页 10508，同书卷三五〇有其子王光祖传，后来也
继起为将。同书卷三四九《姚兕传》，页 11507—11508："父宝，
战死定川。……兕幼失父，事母孝，凡图画器用，皆刻'仇雠未
报'字。……弟麟，亦有威名，关中号'二姚'，子雄、古。"

[36]《宋史》卷三百《杨畋传》，页 9956："奏使契丹，以曾伯祖业尝
陷虏，辞不行。"此外，《宋会要辑稿·职官》五一，页 3536"国
信使"条，载"神宗熙宁四年九月五日，以文思副使梁交充贺北
朝皇太后国信使，以马俣祖应图陷北虏而不愿往，代之"。《长编》
卷二三七，页 12，熙宁五年（1072）八月："又改命田谔押赐夏国
生日礼物，代供备库副使任怀政。初以怀政使夏国，上问怀政家
世，乃任福侄，故两易之。"

[37] 见注 30 何郯上言部分。

[38]《宋史》卷三五零《王文郁传》，页 11075。

[39]《宋会要辑稿·选举》十七，页 4534："景祐三年五月十六日，御
崇政殿，召辅臣观新知广信军洛苑使端州刺史赵振所上阵图，振
男右班殿直珣、奉职赵瑜呈试武艺，左右驰射，括双箭，蹶强弩，
系剑盘，凡二十七枝，中选八九。帝悦，称善。诏振升殿策问方
略，珣补阁门祇候，瑜右班殿直。"

[40]《长编》卷一三二，页 2，庆历元年（1041）五月："于是陈执中荐
询为缘边巡检使。吕夷简、宋庠奏曰：'用兵以来，策士之言万数，
无如珣者。'"《宋史》卷三二三《赵振传附赵珣传》，页 10463：
"初，珣随父在西边，访得五路徼外形胜利害，作《聚米图经》五
卷。诏取其书，并召珣至，又上《五阵图》《兵事》十余篇。"

[41]《长编》，《永乐大典》卷一二四〇〇，页 13A 载定川之战："（葛）
怀敏及曹英、李知和、赵珣、王保、王文、刘贺……皆遇害。"其
下注引《涑水记闻》说"怀敏、知和殪，珣虏"。

[42]《长编》卷十，页 5，载开宝二年（969）何继筠在石岭关击破辽
兵后由其子承睿向太祖报捷；田况《儒林公议》，收入《丛书集成
初编》（上海：商务印书馆，1937 年）卷上，页 11 载李汉超遣子
弟向太祖求兵的事；《长编》卷二四八，页 2 亦载王安石向神宗提
及"太祖时将帅有令儿男乞兵者，乞不得，哭而去"的事。

[43]《宋史》卷三三五《种世衡传附种谔传》，页 10747。

[44]《长编》卷三三一，页 16，元丰五年（1082）十二月："诏：'进
城山界，谔则预议；永乐失守，又引一路经略安抚副使，自当有
罪，朝廷宽恩责后效，乃妄敢为子弟乞恩，初无忌惮，时罚铜
三十斤。'"

[45] 王铚《默记》（北京：中华书局，1981 年；与王林《燕翼诒谋录》
合册）卷中，页 20："神宗初即位，慨然有取山后之志。……其
后永乐、灵州之败，故郁郁不乐者尤甚，怆圣志之不就也。"《宋
史》卷三三七《范镇传附范祖禹传》，页 10798 引范祖禹言："王韶
创取熙河、章惇开五溪、沈起扰交管，沈括、徐禧、俞充、种谔
兴造西事，兵民死伤皆不下二十万。先帝临朝悼悔，以谓朝廷不
得不任其咎。"

[46] 见本章表三。

[47]《长编》卷四三〇，页 20，元祐四年（1089）七月乙酉；武骑尉曹修子谕言"欲乞于遗表骨肉恩泽十人内，与文资"。

[48]《宋会要辑稿·职官》六一，页 3758。

[49]《宋史》卷二八三《夏竦传》，页 9571："父承晧，……夜与契丹遇，力战死之，赠崇仪使，录竦为润州丹阳县主簿。"

[50]《东都事略》卷六一《种世衡传附种谔传》，页 923。

[51] 见第四章。

[52] 原文见《宋史》卷二七七《张鉴传》，页 9425；张藏英在《宋史》也有传，见卷二七一，页 9290，契丹曾用他为卢台军使。

[53] 同书卷三四四《鲜于侁传》，页 10936。

[54]《欧阳永叔集》三"碑铭"卷二十"神道碑三首"，页 44。

[55]《欧阳永叔集》三"碑铭"卷二十"神道碑三首"，页 46："词曰：'阎世将家，大纛高牙；有封太原，王功桓桓。公不勇力，而勇于学；奋身逢时，卒有成业。不大其荣，继世而卿。'"可见欧阳氏的赞誉在于他出于将门而能学文的方面。

[56]《宋史》卷二五〇《王审琦传附王克臣传》，页 8819。

[57]《宋史》卷三二五《刘平传》，页 10499，又《长编》卷一一五，页 4。

[58]《宋史》同卷桑怿传，页 10510："其为人不甚长大，……不知其勇且健也。兄愃，举进士，有名。怿以再举进士，不中。"《长编》卷一百五，页 15—16 略同，并说他"虽举进士而不甚知书，然其所为多合道理"。

[59]《宋史》卷二七八《马知节传》，页 9450。

[60]《长编》卷九四，页 5，天禧三年（1018）八月。

[61]《宋史》卷二七九《王汉忠传》，页 9476—9477。

[62]《宋史》卷二六一《陈思让传附陈若拙传》，页 9040，但"若拙
　　多诞妄，寡学术，当时第二人及第为榜眼，若拙素无文，故目为
　　'瞎榜'云"。然则他虽然考试成功，但没有什么学识。

[63]《宋史》卷二六四《薛居正传附薛惟吉传》，页 9111—9112。

[64]《宋史》卷二六七《陈恕传》，页 9203。

[65]《东都事略》卷三四《荆嗣传》，页 542。

[66] 蔡绦《铁围山丛谈》（北京：中华书局，1983 年，标点本）卷四，
　　页 61。

[67] 米芾《海岳名言》，收入《美术丛书》（上海：神州国光社，1928
　　年）初集第八辑。

[68] 董其昌《画眼》，收入《美术丛书》初集第三辑，页 24B："南宗
　　则王摩诘始用渲淡，一变拘研之法，其传为张璪，荆、关、董、
　　巨、郭忠恕、米家父子，以至元亡四大家。"

[69] 据蔡肇"米元章墓志铭"，米芾之父米佐始"亲儒嗜学"，但仍然
　　是武官，米芾"生秀颖，六岁日读律诗百首。"见明人张丑《清河
　　书画舫》（台北：学海出版社，1975 年）申集宋四，页 27。

[70]《宋史》卷二五五《王全斌传》，页 8924—8926："子审钧，……
　　曾孙凯。凯字胜之。祖审钧，尝为永兴军驻泊都监，以击贼死，
　　遂家京兆。……子缄。缄子诜，能诗善画，尚蜀国大长公主，官
　　至留后。"

[71] 宋徽宗《宣和画谱》卷十二"王诜"，页 203："驸马都尉王诜，字
　　晋卿，本太原人，今为开封人。幼喜读书，长能属文，诸子百家，
　　无不贯穿，……所从游者，皆一时之老师宿儒。于是神考选尚秦
　　国大长公主。诜博雅该洽，以至弈棋图画，无不造妙。写烟江远

壑，柳溪渔浦，晴岚绝涧，寒林幽谷，桃溪苇村皆词人墨卿难状之景。而诜落笔思致，遂将到古人超轶处。又精于书，真行草隶，得钟鼎，篆、籀用笔意。即其第乃为堂曰'宝绘'，藏古今法书名画。"有关王诜之生平，翁同文《王诜生平考略》一文考之颇详，见《宋史研究集》（台北：中华丛书编审委员会，1970 年）第五辑，页 135—168，又本文所引《宣和画谱》，为俞剑华标注本（北京：人民美术出版社，1964 年）。

第四章　种氏子弟继起为将

范仲淹为种世衡写墓志时，种氏的四个儿子已做了官，种诊是试将作监主簿，种咏位居同州澄城尉，种咨为郊社斋郎，种谔是三班奉职，四人中只有种谔是武官。种谔后来也换了文资，他何以要换官，因史料缺乏而不能确知。皇祐元年（1049），种古讼功，自己得天兴尉；后来种谊又考进士，然则种氏兄弟知名的五人，即种古、种诊、种咏、种谔和种谊，在世衡死后竟一致地向文资方向谋求发展。换言之，他们的表现和当时武臣子弟换文资、染文风的现象相符，何况他们家世上原是文官。

关于他们后来又继起为将的史料不多，但无论如何，到英宗、神宗二朝之间，上述五人又再恢复武臣的身份，甚至带武职了。这个转变似乎是出于他人的推荐。治平三年（1066）四月九日，枢密副使吕公弼推荐种古，说他"为世衡之后，习知疆事，勇于有为"，于是差为陕西沿边驻泊都监，连他的官也由大理评事换为内殿崇班。[1] 他后来可能再一次转回文官，又再转武官，做到西京左藏副使，[2] 也就是进入诸司副使的等级。然而种古换官前的一年，也就是治平二年，他的两个弟弟种诊和种谔，也在类似的程序下换授武官了。他们两人受陕西安抚使冯京的推荐，说他们"并是世衡亲子，倜傥有材，知虑深远，

乞与迁换右职，于环州、保安军任使，诏种谔除左藏库副使权
鄜延路都监，种诊除洛苑副使充环庆路都监"，而种谔的原官
是国子博士，种诊的原官是殿中丞，结果都换授武官了。[3] 种
咏虽不知何时换官，但熙宁三年（1070）时他已是环庆路的一
位兵马监押。[4] 至于种谊，则因种古在熙宁（1068—1077）时
入对，神宗问其家世而得到三班奉职。换言之，他们五人在治
平（1064—1067）、熙宁年间已先后换回武官。

换授武官后，种古"差为陕西沿边驻泊都监"，神宗时又以
"近臣荐易西京左藏库副使泾原路都监知原州"，[5] 种诊、种谔
分别为环庆、鄜延都监；种咏是兵马监押；种谊为三班奉职后
"从高遵裕收复洮、岷、迭、宕"，[6] 然则他们不但回到武臣身
份，而且担任军中的职务。

至于种谔他们的换官，程序上是出于高官的推荐，但这
个推荐是否符合他们的意愿，却不是无可商榷。吕公弼说种
古"勇于有为"，种谔在治平二年换官，但两年之后的治平四年
（1067）就已发动绥州之役，[7] 若他们仍留在文资官中，未必有
表现其才具的机会。

总括以上而言，种世衡诸子中有五人继起为将，但并不是
直接继承他的遗荫，而是像他一样再一次由文换武。当然，他
们之受人推荐，理由仍在于他们是世衡之子，而种世衡既早已
成名，朝廷便乐得起用他的子弟。种氏将门的第二代便在这种
情况下继起为将。

种氏子弟之能在文武两途中不时转换，固与家世背景有很
大关系，但同时与本身训练有关。在习文方面，种古少时已闭
门读书，种诊也能诗，《八琼室金石补正》载有种古、种诊两兄

弟和李周等人的联句，[8] 种谊“少力学、举进士，于六经百氏，略通其意”。[9] 另一方面，吕公弼说种古“习知疆事”，韩绛宣抚陕西时，以他通晓蕃情；[10] 种谔“知羌素持贰”而战胜于铁城；[11] 种谊在洮州一战得胜，亦在于他对蕃部动向先有了解；[12] 甚至种谔之子种朴虽然败死一公城，但对河州蕃情也是相当清楚的。[13] 种谔主张战略奇袭，[14] 而种谊则成功奇袭洮州。[15] 他们的军事才具和他们少时在军中的生活或有关系，《宋史》记载士卒有病，世衡必派一个儿子去照料他，[16] 这当会造成他们有熟悉士卒，树立威信的机会。

至于第三代子弟，种朴是种谔的儿子，在延州追随他父亲，种师道少长兵间，也曾跟随种谔西征，参与过攻打米脂寨的战役；[17] 种师中也自称“结发兵间”，[18] 师道、师中兄弟都做过文官，[19] 而少年时则在军中。种师道虽似有长者之风，但军纪也显得很严酷，[20] 可能是受种谔的影响所致。[21] 综上所述，种氏将门的第二代、第三代子弟颇能维持其军事训练。

郭逵说种谔是狂生，“朝廷徒以家世用之，过矣！”[22] 种氏第二代有种世衡的名气为资藉，尚且为郭逵所轻视，他们如何维持家门不坠，遂成为重要问题。北宋中叶以后，不少原来的武将之家渐告没落，在宋夏战争中又出现一群新的边将，种氏将门在这环境中何以自存，是下一步要探讨的问题。

在种氏第二代子弟继起的同时，府州折氏也出了折继世与折克行两位名将，前者与种谔合作取绥州，后者“在边三十年”，有“折家父”之称，他的从子折可适曾在种谔部下，又与种师道曾经合作，[23] 其子折彦质就是替种师道写行状，替师中写墓志的。[24] 大抵种、折二家的关系并不坏。然而府州折氏毕竟是一个特例。[25] 观诸当时其他将门，都没有什么突出事迹。
相反，在庆历（1041—1048）时，不少备受责难的武将，正是
武将之子甚至是将门子弟，如李昭亮、[26] 郭承佑[27]、夏守赟、[28]
葛怀敏等，[29] 甚至石守信之孙石元孙，在三川口之战与刘平一
起被擒，[30] 虽然没有临阵脱逃的劣行，但也看不出什么过人之
处。欧阳修抨击他们没有军事才能，只凭家世为将，反误大事，
又说朝廷"守常例，不肯越次择材，心知小人，付以重任，后
虽败事，终亦不悔"。[31] 他们都凭恩荫起家，[32] 并没有什么作
战经验。李昭亮的祖父李处耘、父亲李继隆都是宋初大将，而
且和帝室结下了姻亲关系，[33] 然而李继隆为将，已有不少难以
解释的事，如君子馆之战不救刘廷让，[34] 乌白池之战，擅与丁
罕合兵；[35] 据说他又与转运使卢之翰不和，故意捏造边报来陷
害卢；[36] 至于李昭亮，更没有经过大战阵，循着恩荫之途晋升，
除平定保州之乱稍有美称之外，[37] 从来没有打过大仗的记载。

　　反之，如果武臣子弟追随父兄在军中从征，则能获得作战
经验。如王超之子王德用曾挺身制止兵士乱行，"虽武康公（王
超）亦为之按辔"。[38] 即以声名不显的王吉，在庆历元年（1041）
的麟府之役中，"又尝与敌战，其子文宣，年十八从行。战罢，
不见文宣，其麾下请入敌中求之。吉止之曰：'此儿为王吉子而
为人所获，尚何以求为？'顷之，文宣挈二首以至，乃喜曰：
'如此，真我子也！'"[39] 熙宁七年（1074）的踏白城之战，《长
编》所载景思立麾下的将官中，本不见有他弟弟景思谊的名字，
但后来战败之后，景思谊竟替他压阵。[40] 元丰五年（1082）的
永乐城之战，老将高永甚至带同孙儿来作战。[41] 德顺军姚氏将
门的第三代子弟姚雄，少年时已跟随父亲姚兕参与荔原堡之战，

"引壮骑驰掩其后，所向必克"。[42]经过实际作战的训练，他们日后继起为将，就有利得多。甚至不甚为人所知的武将，都有带同子弟一起从征的记载。[43]

以上两种武臣子弟，前者的父亲都已成名，他们循恩荫晋身，其实可能未经战阵，或者作战经验不多，后者同样有家世背景，但自小从征，甚至如姚雄、景思谊等分担作战任务，从而获得作战经验。神宗朝的边将中有家世背景的为数不少，除府州折氏之外，有周美之孙周永清，王珪之子王光祖，青涧城的高氏，德顺军的姚氏，郭遵之弟郭逵，刘贺之子刘昌祚，苗京之子苗援，景泰的三个儿子景思忠、景思立和景思谊。[44]

甚至没有显著家世的武人，往往亦可凭战功而崛起。狄青是比较明显的例子，宋人流传一则美谈，说王尧臣中状元时，狄青正在投拱圣营为卒；后来狄青做枢密使时，王氏才做到副使。[45]狄青在宋夏战争中似乎没有打过大胜仗，史书上记载的都是些零星战功，[46]不过据说未尝一败，[47]到后来南征侬智高时指挥归仁铺会战，才真是决定性的会战，不过他那时已做到枢密副使，这一战反而使他招忌。[48]狄青的成名，与范仲淹、庞籍的支持关系颇大，[49]张岊和王吉则缺乏这方面的支持，"皆不至显位而卒"。[50]然而张岊的战功也不少，麟府之役的几场会战他都有参加，常常战胜。他少年时也在军中长大，据《宋史》本传说他年十七已名动一军。[51]欧阳修则说他"有武勇、智谋、善战"。[52]一度隶属种谔麾下的大将曲珍，据《宋史》本传，也是生长边陲，曾与许多少年一起比箭而赢得主将的宝剑。[53]以上事例可见，不一定要有家世为武官的背景，也可以在边陲立功成名。前面所讨论的两种武臣子弟的分别，前者全靠恩荫晋身，后者兼有作战经验，然而作战经验却不必定由家世带来，而只有家世背景的却不堪为将，因此只有战功一途，才是将领崛起的主要途径。同时，由这个角度看来，郭逵所谓"朝廷徒以家世用之，过矣！"的话，也可以得到理解。事实上，郭逵本人就有家世背景，[54] 不过他并不以此为然，在庆历时论葛怀敏，[55] 和在熙宁时论种谔，立场都是反对徒用家世的。

治平二年（1065），种谔由国子博士换授左藏库副使。在两年之后的治平四年就发动了绥州之役，宋夏间的和平局面亦因而破裂。种谔在事后虽以擅自兴兵而得罪，但《长编本末》则记载神宗在此役以手诏指挥薛向，而薛向则推荐种谔的计划，招降绥州首领嵬名山，鄜延路经略安抚使陆诜亦赞同此议，不过种谔料到陆诜其实必不准发兵，于是擅自在青涧城出兵受降。《涑水记闻》说："种谔之谋取绥州，两府皆不知之。"[56] 他的密谋是透过薛向上达神宗，遂不为路帅、两府等机构所容，"言者交论谔擅兴生事，下吏，贬秩四等"。[57] 不过绥州并没有放弃，改名绥德城。熙宁三年（1070）韩绛宣抚陕西，又再起用种谔，同时又另选蕃兵为七军，以种古、周永清、种谔、向宝、景思立和种诊等分领，[58] "议由绥德进兵取娄城（啰兀），建六寨以通麟、府，包地数百里，则鄜延、河东有辅车之势，是以制贼，上是其议"。[59] 延帅郭逵认为种谔狂生，不可用，韩绛便设法把他调走，用种谔节制诸将往筑啰兀城，又令蕃官王文谅节制环庆方面出击。种谔筑城时颇为顺利，但西路的王文谅却激成了庆州兵变，虽终为宋人所平定，但西夏已攻取了绥德与啰兀之间的抚宁堡，啰兀变成孤城，不得已而告放弃。这两次作战都由种谔策划和执行，原来的上司陆诜和郭逵都不赞成，但却得到神宗委任的人如薛向、韩绛的重视。

　　熙宁六年（1073）他改知岷州。熙宁九年（1076），他击败了打算进犯的洮州大酋长鬼章。[60]然后他又调回鄜延路，做到副都总管。元丰四年（1081），谣传西夏发生内乱，种谔马上主张出兵，认为"宜乘此时大兴王师以问其罪"及"止裹十数日之粮，卷甲以趋，乘其君长未定，仓猝之间，大兵直捣兴灵，覆其巢穴，则河南、河北可以传檄而定"。[61]这是四月壬申日前的奏议，认为兵力方面除鄜延九将兵之外，请朝廷"量益正兵"，但到了丙子日，他再上的一奏，力言"兵尚神速，机不可后"，"不必远调兵赋，止发本路九将兵裹粮出塞，直趋巢穴，兵尚神速，彼未及知而师已及境矣"。[62]可谓迫不及待地要争取出兵，神宗派了王中正前往商度，要他受王的节制。九月，宋五路伐夏，种谔领鄜延大军在米脂寨击破夏军，遂得以不受王中正节制，径取石、银、夏三州，也不等待王中正，便回师西进。王中正的麟府军马本倚鄜延路接济，于是兵饥而归塞。种谔一军进至乌白池附近，亦以粮道不继而溃退。种谔大功未竟，来年之后，当时他已是鄜延路经略安抚副使，和经略使沈括上进城横山之议，因而发生永乐城之战。他们认为"西戎常能为边患者，以幕南有山界之粟可食，有山界之民可使，有山界之水草险固可守"，主张在山界筑城，"而委敌以空野坚城之不利"。[63]甚至可以寓进攻之策于其中，"山界既城，则下瞰灵武，不过数程，……待其弛备，发洮河之舟以塞大河，下横山之卒捣其不意，此一举可覆也"。[64]他们又描述这个计划的远景："将来兴修乌延毕，当复夏州，则东西控扼山口，其中路以东城寨尽在腹里。"[65]然而神宗派来的大臣徐禧，却排挤种谔，沈括亦曲意附和徐氏，将筑城地点改在永乐埭，不过，种谔在得到神宗接见时，已说"当自银州始"，[66] 亦与原来之说有距离。后来徐禧"度不可屈，奏谔跋扈异议，不可与偕行，有诏留谔守延州"。[67] 李焘认为"谔初议进城横山，本意身任统帅，成大功在己"，[68] 但他已是一路副帅，反受制于神宗派来的人，其地位和以往适相对换。不久，徐禧覆师于永乐，沈括罢去，种谔遂帅延州。（详见附录三"种谔的四次战役"）

元丰六年（1083），种谔病亡。三月时，神宗知道他命危，已命范仲淹之子范纯粹往延州权管勾经略司事，[69] 到他死后，神宗发现他"前死数日，陈奏尤多，未知出于何人裁处"，遂命范纯粹彻查。[70] 五月，范氏查出是种谔手下管勾机宜文字徐勋所为，神宗遂诏限十日结案。[71] 不过据《长编》所载，要到八月，才有诏将徐勋除名。[72] 李焘注文引《王安礼行状》说神宗非常震怒，认为种谔"其属徐勋者盗用经略司印，调发兵马，奏举官吏，几何而不为乱也"。[73] 另一方面，被派去接替种谔的，是五路伐夏有功的大将刘昌祚，刘氏原来是泾原总管，神宗下诏给他，竟声明要他清除种谔在延州的"弊政"："诏刘昌祚：鄜延大小政事，为种谔所坏，…… 卿擢自诸将，总帅一道，视事之始，其惩创前任之愆，…… 以须成功。"[74] 范纯粹也上奏主张明令约束种谔的部下，"自种谔领帅以来许诸将遣发人马侵入西界浅攻近掠，谓之'硬探'，臣虑边将复如此，时妄有举动"。[75] 自此之后，除种谊后来曾往援延州之外，种氏将门在延州已不见有何重要活动[76]。其间又有另一件事，种诊一度受荐为泾原路都钤辖兼第一将，但神宗却诏称"种诊年龄已高，筋力疲曳，难当将领差遣"，[77] 明言不想用种诊。从以上事件看来，种谔锐意求功，但随着地位的变化，而受到神宗的猜忌。不过种谔的四次战役，前后地位不同，求建大功的意图则一，遂予人过分、狂妄的形象。王安石说种谔"是所谓事成而卿，不成而烹者也"，[78] 可谓切当之言。后来其子种朴，亦一并受到批评。[79]

种谔在四次战役中都居于主动的地位，提议作战和提出计划。其弟种谊在元祐二年（1087）的洮州之战，也是由始谋到出兵都亲自力行，而且一举成功，战功更在种谔之上。当时洮州大酋长鬼章联结熙河及秦、渭二路蕃部密约反宋，又联络青唐、西夏出兵夹击熙河，"而人不知也，知岷州种谊独刺得其情"，[80] 于是上言"请以熙河蕃汉及通远军蕃兵五将合本州军马直趋洮州"，[81] 一直未受路帅所许，后来他又探知鬼章"驻洮州，…… 惟以密迭、强扬等数族军马自随，犹万人"，[82] 遂坚请出兵。宋军兵分两路，姚兕的一路去黄河截住青唐大军，种谊的一路则直取洮州，激战后将城攻陷，擒鬼章而回，西夏兵亦退走。《铁围山丛谈》说这一战经文士名臣大加歌咏，广为流播。[83]（详见附录四"种谊洮州之战始末"）

至于种古和种诊，虽与种谔合称"三种"，但史传中只记载一些零星战功，[84] 其子弟亦不知名。

从另一角度观察，种氏将门第三代继起为将的种朴、种师道和种师中三人，除种师中早年事迹不详外，其他两人均出身于种谔的军中。种朴为种谔之子，种谔派他上进城横山之议给朝廷，神宗擢他为阁门祇候，后来种谔又替他求官，不遂，但种谔死后，种朴一度在熙河路，和种谊一起受议者的攻击，似乎他和叔父种谊的关系受到注意，后来才回到泾原路。[85] 种师道受种谔的荫为三班奉职，并参与米脂之战，[86] 不过他后来转了文资，加以他又是张载的学生，此后就在文资方面任官，甚至被列入元祐党人碑。[87]然而他到了晚年，却仍被起用为将。自政和四年（1114）开始，他接连指挥了席苇平、藏底河城等战役。[88]宣和六年（1124）北伐幽燕，用他为都统制，这时他已七十四岁。[89]至于种师中，则"以世荫为秦州司户参军"。[90]在绍圣三年（1096）由孙路的推荐由文换武，[91]但据说他自称"结发兵间"，[92]可能在未做官时也打过仗，只是不知跟随谁人的麾下。然则从种氏第三代子弟的继起来看，种谔仍是最有关系的人物，他不是种世衡的长子，但种朴和种师道都出于他军中而不出于种古门下，与本章前部分所论及其他家族的情况相较而观，就更可说明战功对于维持将门的重要性。（种谊也有战功，但因史传记载不详，不知道他有没有儿子，固不论。）

种氏第二代子弟为将者大都由文换武，第三代的种师道、种师中也是这样，但种朴则不见曾换文资的记载，似乎一直是武官。（其事迹详见附录四"种谊洮州之战始末"）种师道和种师中虽然做过文官，但许多记载都显示出，他们似已确定为武将。北伐幽燕时，童贯说"借公威名以镇服耳"，[93]后来战败后对他的诬奏，也说"种师道天姿好杀"，[94]都将他形容为武人。种师道经他劾奏，在上《责官谢表》时自称"妄意功名，以传门户。荏苒星霜之五纪，始终文武之两途。缓带轻裘，自愧以儒而为将；高牙大纛，人惊投老而得侯"。[95]他明言"以儒而为将""投老而得侯"，不将自己描述为真正的武人，仍以儒自居；但他人却不作如是观，即以对他夸赞备至的唐随，在为他写《责官谢表》的跋，盛称他"关陕名贤之后，筮仕五十年间，提兵所向，何战不克，何城不下"。[96]竟将他形容为老于战阵的

武将，然而无论从他知怀德军算起，还是从他进城席苇平的政
和八年（1118）算起，最多不过十多年，[97] 说他五十年间战无
不胜未免过当。折彦质《种师道行状》说他"少从横渠张载学，
多见前辈长者，练达世务，洞晓古今，……用之为将帅则朝廷
尊重，夷狄慑伏"，[98] 没有强将他形容为武人，但对于姚平仲劫
寨之举，仍解释为两将门的争功："山西望族，惟种与姚，而二
家子弟每不相下，师中时为秦凤帅，平仲之父古为熙河帅，皆
以兵入援，兵之次合，熙河兵尚未至，平仲恐功名之会独归种
氏也，心忌之"，才不禀种师道节制，出兵劫金营。[99] 靖康元
年（1126），种师道加太尉、河东河北宣抚使，制上称他"载惟
元帅之谋，久赖武人之后"；[100] 主战的大臣许翰请重用种师道，
理由为"种师道持重名将，……此盖不以口击贼者，……闻师
道自少沉毅，盖其天姿介胄之士，瞋目难语"。[101] 种师道其实
是晚年才为将的，而他人则以武人目之。种师道亦被称为"世
家宿将"。[102] 据以上言论，种氏将门虽由文人转化而成，但到
了北宋末年，已被视为武人，即以种师道转了文资，做了多年
的文官，仍然如此。

《铁围山丛谈》记载了一件事情，说："种和师服，名将也，
出陕右，元祐时，朝廷付之以边事。吕丞相大防始召之饭，举
箸，沙鱼线甚俊，吕丞相喜问：'君解识此物邪？'种操其西
音曰：'不托便不识。'至今传以为笑。"[103] 里面说的"种和师
服"不知是何人，（详见附录六"种氏将门的其他分子与其他姓
种的人"）但由他操陕西口音而流为笑话，亦可见其难以沟通之
状了。

注　释

[1]　《宋会要辑稿·职官》六一，页 3760 上。

[2]　《东都事略》卷六一《种世衡传附种诂（古）传》，页 922："神宗
　　　即位，以太子中允签书庆州判官，以近臣荐易西京左藏库副使。"
　　　治平三年（1066）时种古既已由文官改为武官，为何神宗即位时
　　　又一次由文换武？治平三年距神宗即位还有一年，可能在其间，
　　　种古又由武换文，到神宗即位后才又改回武官。在治平三年的一
　　　次是由大理评事改内殿崇班，神宗时的一次是由太子中允改西京
　　　左藏库副使，官位有所差别。太子中允在大理评事之上，西京左
　　　藏库使属于"诸司副使"，也比内殿崇班为高，所以应是前后两
　　　次。据表五，熙宁五年（1072）以后的换官法，大理评事相应于
　　　东头供奉官），低于内殿崇班，太子中允相当于礼宾副使（比内殿
　　　崇班为高）。若种古在治平三年和神宗即位后两次换官属实，那么
　　　他的擢升便可谓迅速，得以进入"诸司副使"之内。

[3]　《宋会要辑稿·职官》六一，页 3759 下—3760 上。

[4]　《长编》卷二一四，页 23，熙宁三年八月："李复圭出阵图、方略
　　　援（李）信、（刘）甫及监押种咏。"

[5]　同注 2，《东都事略·种诂（古）传》。

[6]　同注 2，附种谊传，页 926。

[7]　《宋史》卷十四《神宗纪》，页 267。《长编》缺此年之记载，又见
　　　《长编本末》卷八三，页 2627，过程详见附录"种谔的四次战役"。

[8]　《八琼室金石补正》卷一百七，页 9 "草堂寺题刻八段"中"李周
　　　等联双桧诗"为李周、李邵、杨致祥、种古、种诊五人的联诗，
　　　此刻石为李周之子李处讷在元祐七年（1092）所立，"庆历中，家
　　　君蒲尹集贤尉长安日，尝与种太贤昆仲，泊一二僚友游草堂，有

联双桧之句，厥后五年，而处讷始生，又四十年，处讷以左宣德郎来知鄠县"，则联诗之事在庆历七年（1047），其时种世衡已死，种古尚未讼功，或可见其"小隐君"时生活之一斑。至于种诊当时应已有官。现据石刻，录出二种所作之句。种古所作的有"古宇列双桧，森郁欹檐角"；"苍皮绕龙，危巅巢鸷鹭"；"春姿笔工偷，风韶溪虎学"；"牺尊虽备仪，真性难剪断"。种诊所作的有"叶硬攒猬手，子圆如雀壳"，"月涵烟影孤，雨溜苔藓驳"；"黛色晚山分，清香朝露濯"。

[9]《东都事略》卷六一《种世衡传附种诂（古）传》，页 926。

[10]《长编本末》卷八四，页 2667，王安石说："陛下以种古为通晓蕃情，今令问蕃人愿归者听归。岂有蕃人不晓蕃情者，种古但云可为乡导，即不知如此人乃能为贼乡导。"

[11]《长编》卷二七九，页 8，熙宁九年十一月。

[12]《长编》卷四百二，页 10，又见附录四"种谊洮州之战始末"。

[13] 见附录五"种朴事迹拾补"。

[14] 见附录三"种谔的四次战役"。

[15] 同注 12。

[16]《宋史》卷三三五《种世衡传》，页 10744："善抚养士卒，病者遣一子专视其食饮汤剂，以故得人死力。"

[17]《会编》卷六十录《种师道行状》，页 5："从破米脂城，迁右班殿直。"

[18]《东都事略》卷一百七《种师道传附种师中传》，页 1641："诏书以逗留切责师中，师中曰：'逗留，兵家大戮也。吾结发兵间，岂不知之？'"《宋史》卷三三五《种世衡传附种师中传》，页 10754略同。

[19] 种师道转文资见行状，同注 17；种师中"以世荫常历秦州司户参
军"，见《会编》卷四七，页 7 引《中兴姓氏录》;《宋会要辑稿·职
官》六一，页 3762 上，载绍圣三年七月，宣德郎种师中换授内殿
承制，则师中也是由文换武的。

[20] 同注 17，页 7："上以夏国筑臧底河为成德军，颇为边患。前者王
师屡出无功，诏公率陕西、河东七路之师，期以一旬克之。六月，
师薄城下，分昼夜以攻，虏守备甚至。我师益急，偏裨有据胡床
以督役者，立押之尸于军门。令诸将曰：'今日城不下，视此！'
俄而城溃。才八日矣。"范公称《过庭录》，页 12："先子从忠宪
代州措置木事，调民搬运甚笃。至岭下，见一卒舍木而坐，种问
曰：'尔何人？胡为不行？'曰：'乃华亭卒尔，病未能去。'种命
斩之。先子昧意甚惊，问曰：'太尉何遽如此？其人莫未应是否？'
种曰：'过不在斩，乃在问。问而不斩，则人人皆效此卒，安能济
事乎？'"他明知罪不当斩，既问了便要斩，可见他用法之酷。

[21]《长编》卷二三四，页 15："谔善抚士卒，临敌制变，然性诈诞
残忍，视人如草芥。在军中列白刃于前，士卒或有犯者，立而劈
之，或出心肝，乃斩。坐客掩面而谔饮食自若。"可知种谔军纪之
严酷。

[22]《长编》卷二一七，页 11："韩绛用种谔谋，将以兵取横山。逵曰：
'谔，狂生耳。朝廷徒以家世用之，过矣！'"《宋史》卷二百九十
《郭逵传》，页 9724 略同。

[23] 关于折继世与种谔合兵取绥州，见附录三"种谔的四次战役"；折
克行事迹见《宋史》卷二五三《折德扆传附传》，页 8865—8866。
同卷有折可适传，"从种谔出塞，遇敌马，以少年易之，可适索与
斗，斩其首，取马以还，益知名。米脂之役，与夏人战三角岭，

得级多"。《种师道行状》说："公之从事于西州也，凡所施为，而先人实同之。其后彦贤复佐公幕府，识公最早，得公行事最详。"同注 17。

[24] 同注 17，页 14："（折）彦贤尝铭端孺（种师中）之墓矣。今复获状公行。"种师中字端孺，见卷四七，页 7 引《中兴姓氏录》及《东部事略》《宋史》两传，参见注 18。

[25] 府州折氏世袭知府州，有地有兵，自与一般将门不同，见《宋史》卷二五三《折德扆传》。

[26]《宋史》卷四六四外《戚中李昭亮传》，页 13563："李昭亮字晦之，明德太后兄继隆子也。"既是大将之子，也是外戚，《宋史》列入外戚传，而不附于李继隆传后。

[27]《宋史》卷二五二《郭从义传》，页 8850—8851 记载："郭从义，其先沙陀部人，父绍古，事后唐武皇（李克用）忠谨，特见信任，赐姓李氏。绍古卒，从义才龀角，庄宗畜于宫中，与诸子齿。……累迁内园使。晋天福中，始复姓郭氏。坐事出为宿州团练副使。丁内艰，北归，遂家太原。汉祖在镇，表为马步军都虞候，屡率师破契丹于代北，及建大号，从义首赞其谋。…… 乾德二年，又为河中尹、护国军节度，六年，以疾归京师。…… 拜太子太师致仕。四年卒。……子守忠、守信。守忠至闲厩副使，守信字宝臣，颇知书，与士大夫游，至东上阁门使知邢州，卒。子世隆为比部员外郎。世隆子昭佑、承佑。昭佑为阁门祇候。承佑字天锡，娶舒王元偁女，授西头供奉官。"可见沙陀郭氏在五代已形成将门，宋初颇染尚文之风，郭世隆更是文官，但到郭承佑一代仍是武资。

[28]《宋史》卷二九〇《夏守恩传》，页 9714—9716："夏守恩字君殊，并州榆次人。父遇，为武骑军校，与契丹战，殁。…… 初，守恩

给事襄王邸，王问其兄弟，守恩言守赟四岁而孤，……即日召入
宫。……刘平、石元孙败，……自请将兵击贼。换宣徽南院使，
陕西马步军都总管兼经略安抚缘边招讨使。"

[29]《宋史》卷二八九《葛霸传》，页9699—9700："葛霸，真定人。
姿表雄毅，善击刺骑射。始事太宗于藩邸。即位，补殿前指挥
使。……卒，年七十五，赠太尉。子怀信、怀正、怀敏、怀煦。"

[30]《长篇》卷一百二十六，页2，康定元年（1040）一月："（范）雍
先以檄召鄜延、环庆副都部署刘平于庆州，使至保安，与鄜延副
都部署石元孙合军趋土门，及是，复召平、元孙还军救延州。……
平与元孙巡阵东偏，贼冲阵分为二，遂与元孙皆被执。"元孙之祖
父石守信，见《宋史》卷二五〇本传。

[31]《长编》卷一四二，页6，庆历三年（1043）七月。

[32]《宋史》卷四六四《外戚中李昭亮传》，页13563："李昭亮字晦
之，明德太后兄继隆子也。四岁，补东头供奉官，许出入禁中。"
又同注29《葛怀敏传》，页9700："怀敏以荫授西头供奉官，加阁
门祗候。"同注27，郭从义传附郭承佑传"授西头供奉官"；同注
28《夏守恩传》："才六岁，补下班殿侍，……初守恩给事襄王邸，
王问其兄弟，守恩言守赟四岁而孤，……即日召入宫。……及即
位，授右侍禁。"夏氏兄弟是以父亲之死而得官，当属战殁荫补的
特例。

[33]《宋史》卷四六四《李昭亮传》；又卷二五七《李处耘传》及附《李
继隆传》。

[34]《长编》卷二七，页21—22，雍熙三年（986）十二月："廷让先以
麾下精卒与沧州都部署李继隆，令后殿，缓急期相救，及廷让被
围，继隆退屯乐寿。……廷让诣阙请罪，上知为继隆所误，不责，

逮继隆令中书问状，寻亦释之。"

[35]《长编》卷四十，页8—9："先是上部分诸将攻讨，李继隆自环州，范廷召自延州，王超自夏州，步军都虞候容州观察使颍川丁罕自庆州，西京作坊使、锦州刺史张守恩自鄜州，凡五路，率兵抵乌、白池。……继隆因遣其弟继和驰驿上言'赤柽路四边乏水，请自青冈峡，直抵继迁巢穴，不及援灵州。'上怒召继和于便殿诘之曰'汝兄如此，必败吾事矣！'因手书数幅切责继隆，命引进使周莹赍诣军前督之。莹至继隆已便宜发兵，不俟报，既而与丁罕兵合行十数日不见贼，引军还。"

[36]《宋朝事实》卷十六，页242："李继隆讨夏寇，与转运使卢之翰有隙，欲陷之罪，乃檄转运使，期以八月出塞，令办刍粟，转运司调发方集，继隆复为檄，言阴阳人状陈，八月不利出师，当更取十月。转运司遂散刍粟，既而复为檄云，得保塞胡侦候状，言贼且入塞，当以时进，运刍粟，即日取办，是时民输挽者适散，仓卒不可复集，继隆遂奏转运司乏军兴。太宗大怒，立召中使一人，付三函令乘驿取转运使卢之翰、窦玼及某人首。……钱若水争之，……上意乃解，……既而虏欲入塞事皆虚，继隆坐落招讨知秦州。"

[37] 同注32，李昭亮传，页13563："保州兵叛，杀官吏，诏遣王果招降之，叛者乘堞呼曰：'得李步军来，我降矣。'于是遣昭亮，昭亮从轻骑数十人，不持甲盾弓矢，叩城门呼城上曰：'尔辈第来降，我保其无虞也。不尔，几无噍类矣。'卒稍稍缒城下。明日，相率开城门降。"

[38]《欧阳永叔集》三"碑铭"，页76《王德用神道碑》。

[39]《长编》卷一三三，页19，庆历元年九月。

[40]《长编》，卷二五零，页16，熙宁七年（1074）踏白城之战，景思立麾下的将官有韩存宝、王宁、魏奇、王存、贾翊、李稾和赵鲁，但到了战况危急时，思立"先移军岭上，又谓其弟思谊及効用冯素曰'兵非重伤者无得动！'复将百余骑血战，走蕃兵数千人。方追之，而殿后兵动，思谊不能止。"则思谊的责任在于压住阵脚，或正由于他并非正式将官，才未能制止兵溃。

[41]《长编》，卷三三〇，页11，元丰五年十月："初，永乐城陷，高永能之孙昌裔与左右欲掖永能由间道走米脂。"

[42]《宋史》卷三四九《姚兕传》，页11057。

[43] 滕甫《征南录》，收入《四库全书珍本》（台北：台湾商务印书馆，1981年）十一集，册六十，页4A说侬智高起兵时，宋军中有一裨将李定，兄弟七人皆擅战。《长编》卷一八五，页2，嘉祐二年（1057）一月梓夔钤辖司上言提到招安将白进丰率子弟兵作战的事；卷三〇三，页16，元丰三年（1080）四月梓夔路都监王宣父子战死："贼众四合，宣与其子三班差使琥驱兵力斗……遂俱死。"

[44] 周永清、王光祖、苗授之人家世见《宋史》卷三五〇本传，页11067—11078；姚兕、刘昌祚家世见卷三四九本传，页11053—11055、页11057—11061；高永能兄弟见卷三三四本传，页10725—10726："高永能字君举，世为绥州人。初，伯祖文岯举州来归，即拜团练使，已而弃之北还，其祖文玉独留居延州，至永能始家青涧……永能家世州将，所领多故部曲。"景氏见卷三二六《景泰传》，页10518及卷四五二，忠义七《景思忠传》，页13287。

[45]《东轩笔录》卷十，页110："天圣五年，王文安公尧臣状元及第，释褐将作监丞、通判湖州。是年，狄武襄公青始投拱圣营为卒，

晚年同入枢密院，武襄为使，文安副焉。"《宋朝事实类苑》卷九
"名臣事迹"，页99同。

[46] 余靖《武溪集》，收入《四库全书珍本》（台北：台湾商务印书馆，
1976年）六集，册692—699，卷九《狄青墓铭》："四年之间，大
小二十五战，中流矢者八，斩捕首虏万余，获马牛橐驼驴铠甲符
印器仗以数万计，攻贼金汤城及西南马市至于杏林原，破其镇寨
七，遂略宥州之境，屠龙咩、岁番等部落，燔其积聚数万，庐舍
千余，收其族帐二千三百，生口五千七百，又城桥子谷，筑招安、
丰林、新寨、大郎堡，皆扼贼之要害。"即以墓志所记，亦不过是
零星战功而已。

[47] 余靖《武溪集》，卷九《狄青墓铭》："频与贼较，未尝少沮。"又
云："常取诸葛武侯八阵法，……故虽仓卒遇敌，而师徒无挠。其
为偏裨时，被发面铜具，从贼兵驰突贼阵，羌人识之，见则辟易
无敢当者。"《长编》卷一二九，页6略同。

[48]《宋朝事实》卷十六，页252—255载："是时朝廷以承平之久，岭
外州县类不为备，官吏狃以为常，故寇至，如入无人之境。……
青始受命讨贼，……上悉选精锐而遣之曰：'此皆吾劲兵，累历战
斗，可用也。'青果以此败贼。"《宋史》卷二九〇《狄青传》，页
9721："青在枢密四年，每出，士卒辄指目以相矜夸。又言者以
青家狗生角，且数有光怪，请出青于外以保全之，不报。嘉祐
中，京师大水，青避水，徙家相国寺，行止殿上，人情颇疑，乃
罢青为同中书门下平章事，出判陈州。"有关此类文献甚多，兹不
尽录。

[49]《长编》卷一二九，页6，康定元年十一月："丁卯，鄜延路部署
司指挥右班殿直狄青为右侍禁阁门祗候，泾州都监。……尹洙为

经略判官，青以指使见洙，与谈兵，善之，荐于副使韩琦、范仲淹，曰：'此良将才也。'二人一见奇之，待遇甚厚。仲淹以《左氏春秋》授之，曰：'将不知古今，匹夫勇耳。'青折节读书，悉通秦汉以来将帅兵术，由是益知名。"《涑水记闻》卷十三记侬智高起兵时，"枢密副使狄青自请出战击贼，……谏官孙甫上言：'狄青武人，不足专任，……'时庞籍独为相，对云：'今青起于行伍，若以侍从之臣为之副，彼视青如无，青之号令不得行，是循覆车之轨也。……青昔在鄜延，居臣麾下，沉勇有智略，若专以智高之事委之，使先以威齐众，然后用之，必能办贼。'"

[50]《涑水记闻》卷十二，页136。

[51]《宋史》卷三二六《张岊传》，页10523—10524。

[52]《欧阳永叔集》卷十三，河东奉使奏草，页92："条列文武官材能札子"："礼宾副使张岊、河西人，有武勇、智谋、善战。"

[53]《宋史》卷三五〇《曲珍传》，页11083："曲珍字君玉，陇干人，世为著姓。宝元、康定间，夏人数入寇，珍诸父纠集族党御之，敌不敢犯，于是曲氏以材武雄长边关。珍好驰马试剑，……秦凤都钤辖刘温润奇其材，一日，出宝剑令曰：'能射一钱百步外者，与之。'诸少年百发不能中，珍后至，一矢破之。"

[54]《宋史》卷二九〇《郭逵传》，页9722："郭逵字仲通，……兄遵死于敌，录逵为三班奉职。"

[55]《宋史》卷二九〇《郭逵传》，页9723："陈执中安抚京东，奏为驻泊将。执中与宾佐论当今名将，共推葛怀敏。逵曰：'怀敏易与尔，他日必败朝廷事。'执中始怒，居数日，问曰：'君何以知葛怀敏非名将而败事邪？'曰：'喜功徼幸，徒勇无谋，可禽也。'执中叹曰：'君真知兵，怀敏既覆师矣。'"

[56]《涑水记闻》卷十一，页 123，根据郭逵转述。

[57]《东都事略》卷六一《种世衡传附种谔传》，页 923。

[58]《太平治迹统类》卷十五"韩绛宣抚陕西"，页 1155。

[59]《长编》卷二一六，页 3，关于神宗的支持这个计划，见附录三
　　"种谔的四次战役"。

[60]《长编》卷二七九，页 8，据范育《种谔墓志》："壬午，知岷州种
　　谔破鬼章于铁城，斩首八百余级。先是鬼章聚兵丁令谷胁属羌瓜
　　家族以叛，诸部皆动摇，谔出轻兵，掩贼不备击贼之。……鬼章
　　又以兵三万据铁城，收贝斯结、罗斯结族，以临青唐。谔知羌素
　　持贰观胜负，以为去就，乃尽出兵二千，未明抵铁城，贼不意汉
　　兵至，惊扰莫知所为，谔纵兵击之，鼓噪乘城，贼众大溃，斩首
　　八百余级，鬼章乃远去，岷境属羌不敢复贰。"

[61]《长编》卷三一二，页 7。

[62]《长编》卷三一二，页 7，页 9。

[63]《长编》卷三二六，页 17。

[64]《长编》卷三二六，页 17，又《宋会要辑稿·方域》一九，页
　　7649 下同，惟作"后洮河之舟"不可解，从《长编》。

[65]《长编》卷三二六，页 17，《宋会要辑稿》，页 7650 上。

[66]《长编》卷三二八，页 3—4。

[67]《长编》卷三二九，页 8。

[68]《长编》卷三二九，页 17。

[69]《长编》卷三三四，页 4。

[70]《长编》卷三三四，页 18。

[71]《长编》卷三三五，页 8。

[72]《长编》卷三三八，页 12："诏宣德郎前鄜延路经略司管勾机宜文

字徐勋特除名。"

[73]《长编》卷三三八，注引田画《王安礼行状》。

[74]《长编》卷三三四，页 17："诏刘昌祚：'鄜延大小政事，为种谔所坏，举皆玩弊，朋私蒙蔽，盗窃朝廷名器财用者不可胜数。卿擢自诸将，总帅一道，视事之始，其惩创前任之愆，以公灭私，痛改其俗，凡百毁誉，置之勿恤，当有殊擢，以须成功。'"

[75]《长编》卷三三四，页 23。

[76]《东都事略》卷六一《种世衡传附种谊传》，页 927："贼闻谊至，皆溃。延人谓：'得谊，胜强兵二十万。'"似乎延州人仍记得种氏将门的人。

[77]《长编》卷三三五，页 10，元丰六年五月戊戌。

[78]《长编》卷二二一，页 4。

[79]《长编》卷四四四，页 11—13，元祐五年（1090）六月苏辙上言："闻种谔昔在先朝，以轻脱诈诞，多败少成，常为先帝所薄。今谊、朴为人无异。……种朴昔因永乐覆师之后，父谔权领延安之日，与其亲戚徐勋矫为谔奏。……狂妄如此，若不加以贬责，臣恐熙河终未宁靖也。"

[80]《长编》卷四百二，页 2，元祐二年五月。

[81]《长编》卷四百四，页 10—11。

[82]《长编》卷四百二，页 10。

[83] 见《铁围山丛谈》卷二，页 32；然其小注谓种谔擒鬼章，应是种谊之误。

[84]《宋史》卷三三五《种世衡传附种古传》，页 10744："子古、谔、诊，皆有将材，关中号曰'三种'。……古字大质，……羌人犯塞，古御之。斩首数百。筑城镇戎之北，以据要害。……与弟诊破环

州折姜会，斩首二千级，迁西上阁门副使。"《东都事略》和《宋史》都没有种诊的传。

[85] 参见附录五"种朴事迹拾补"。

[86]《会编》卷六十录《种师道行状》，页5。

[87] 元祐党人碑三百零九人中就有种师极，排名第一百三十，"余官类"，见《金石萃编》卷一四四，页12所附《元祐党籍碑姓名考》，对种师极的介绍为"史无传，考种世衡传，世衡孙有师道、师中，疑师极亦世衡之诸孙也"。殊为失考，种师道初名建中，后改师极，再改师道，见附录六。可能作者只据《宋史》种世衡传，未知《东都事略》已记载种师道姓名的变化。

[88]《会编》卷六十《种师道行状》，页7："八年，诏节制诸路兵往城席苇平。方授工，而夏人垒至，据胡芦河，坚壁欲老我师。公陈于河浒，若将决战者，潜遣偏将曲克、赵朴径出横岭，俾谍者扬言：'汉兵至矣！'贼多疑顾，而杨可世潜出其后，姚平仲率精骑急击之。贼大溃，斩首五千级。"又记载藏底河城之战，同上："诏公率陕西、河东七路之师，期以一旬克之。六月，师薄城下，分昼夜以攻，虏守备甚至。我师益怠，偏裨有据胡床督役者立斩之，尸于军门。令诸将曰：'今日城不下视此。'俄而城溃。才八日矣。"《宋史》附传，页10751，《东都事略》本传，页1634略同。

[89]《会编》卷六十《种师道行状》，页8；《东都事略》《宋史》两传同。行状，页12载师道"享年七十有六"，《东都事略》本传，页一六四〇同；《宋史》附传，页10756注七："原作'年六十七'，据《北盟会编》卷六十《种师道行状》《东都事略》卷一〇七本传改。"由靖康元年上推，宣和六年正是七十四岁。

[90]《会编》卷四七，页7录《中兴姓氏录》。

[91] 同注 19。

[92] 同注 18。

[93]《会编》卷六，页 6。

[94]《会编》卷七，页 8。

[95]《会编》卷七，页 8。

[96]《会编》卷七，页 8，康随跋。

[97] 见注 88。种师道知怀德军，才成为边将，在此之前，曾一度以庄宅使知德顺军，但只是"而公所陈忤曾布、蔡京"的结果，见行状页六；知怀德军的年份不详，但行状、《东都事略》和《宋史》都载于他出罪籍之后，《宋会要辑稿·职官》七六，页 4108—4109 载大观二年"续诏叶祖洽、郭知章、上官均、朱绂、种师极、钱景祥并出罪籍"。然则种师道知怀德军必在大观二年之后，距宣和六年不超过十六年。若从席苇平会战起计，政和八年距宣和六年更只有六年。

[98] 同注 88，行状，页 12—13。

[99] 同注 88，行状，页 10。《东都事略》本传微异，页 1637："会平仲之父古以昭庆军节度使帅熙河领兵入援，钦宗方倚师道以谋国，师道以三镇不可弃，城下不可战，朝廷姑坚守和议，俟姚古来。"若种师道亦有等姚古之意，姚平仲似不必急于劫寨，然既提及割三镇之事，似是姚平仲战败之后的局势。又《会编》卷三页 11，种师道与姚平仲在靖康元年正月二十日到汴京，卷末另一条谓姚古、种师中、折彦质、杨可胜等亦至，下一卷已是二十四日，则四将似在二十至二十四日间抵达。但卷三三，页 5 引李纲《靖康传信录》所载二十七日与种师道、折彦质、姚平仲入对时，"期二月六日举事，盖阴阳家言是日利行师，而姚古、种师中之兵将至

故也"。若然，则二人实并未抵达。折彦质、李纲都是当日和种师道、姚平仲一同入对，故《种师道行状》和《靖康传信录》应较可信，姚古和种师中应未至汴京。

[100]《会编》卷三九，页 3。

[101]《会编》卷四二，页 7。

[102]《会编》卷四十，页 5 引朱胜非《秀水闲居录》。

[103]《铁围山丛谈》卷六，页 107。

结 论

北宋结束五代战乱频仍的局面，崇文风气亦告抬头，在政治上则表现为优礼文士，这种现象或称之"重文轻武"。种氏将门的先人种放本为山林隐士，亦在这个环境中得到优礼，出仕朝廷，后来更广置田产，奏荫子弟，成为新兴的家族。另一方面，北宋朝廷不独重用文人，而且用文人为将，种放的侄儿世衡在仁宗时知青涧城，从此由文换武，更开创了种氏将门。

文人知军事之可行，不独在于文人比武人可靠，更在于文人被认为能用智谋。在宋兵力有不逮的局面下，谋求有智谋的将领，乃为时势所趋。种世衡熟知蕃情，招蕃部，行间谍，正是其中的成功例子，虽然没有大战绩，但却得以成名。

种氏子弟在军中，自少有参与军事活动的机会，因而具备继起为将的条件。然而他们虽受恩荫晋身，实与兵权无涉，且能透过文武互换之制转回文资。种世衡死后，种氏第二代子弟多仍在文资方面求进，与许多将领子弟一样，正是"重文轻武"风气的反映。

不过由于父亲的名气，种古、种诊和种谔都受大臣推荐，重历戎行。神宗时正值西方用兵，种氏子弟遂常膺将选。然而仁宗时的宋夏战争已显示出世家子弟不及少长兵间的武将子弟，行伍中人亦可借战功晋身，故在武资中求进，亦殊为不易。

种谔等既受人所推，复以文臣为将，于是勇于任事，锐意求功，种谔四次策动对西夏的作战，种谊擒鬼章，种朴进筑横山，屡有战功。第三代的种朴和种师道也都出身于种谔军中，种师道即使早转文资，但晚年仍要再次换文就武，而且被视为武将。其实种氏自来是文资之家，制度上可以换文资，但到北宋末年，已被视为累世为将。

严格来说，种氏子弟既多要再一次由文换武，而非直接继承父祖的武将身份，本来也可算是文人为将的。不过，累世的以文人为将，就意味着他们的家世与一般的文人家庭有所不同，他们有军事的传统。宋代虽有重文轻武之风，但因为外敌强大，不能不用武，用武便要有将，但又不敢太信任武人，遂产生像种氏那样累世为将的将门。

若从这方面进而观察文人知军事的意义，则这项以制御武人而生的政策，似含有另一面的意义，就是使文人向武人方面转化：不独在职责上转变了，连质量也有所转变。文人武将化，看似与重文轻武之风格格不入，但另一方面，又正是文人知军事的一种结果。

参考书目

史料

［元］脱脱《宋史》，北京：中华书局，1977年。

［元］脱脱《辽史》，北京：中华书局，1974年。

［元］脱脱《金史》，北京：中华书局，1975年。

［宋］薛居正《旧五代史》，北京：中华书局，1976年。

［宋］欧阳修《新五代史》，北京：中华书局，1976年。

［宋］王称《东都事略》，收入赵铁寒主编《宋史资料萃编》，台北：文海出版社，1967年，第一辑。

［宋］曾巩《隆平集》，收入赵铁寒主编《宋史资料萃编》，台北：文海出版社，1967年，第一辑。

［宋］李焘《续资治通鉴长编》，收入杨家骆主编《中国学术名著第三辑》，《国史汇编》第一期书，台北：世界书局，1964年。（内有黄以周《续资治通鉴长编拾补》）

［宋］李焘《续资治通鉴长编》，北京：中华书局，1979年，第二至第六册，不全。

［宋］李心传《建炎以来系年要录》，收入赵铁寒主编《宋史资料萃编》，台北：文海出版社，1967年，第二辑。

［宋］徐梦莘《三朝北盟会编》，台北：文海出版社，1962年。

［宋］杨仲良《续资治通鉴长编纪事本末》，收入赵铁寒主编《宋史资料萃编》，台北：文海出版社，1967年，第二辑。

（佚名），《宋史全文续资治通鉴》，收入赵铁寒主编《宋史资料萃编》，台北：文海出版社，1969年，第二辑。

（佚名）《宋史全文》，收入《四库全书珍本》，台北：台湾商务印书馆，1981年，十一集，第四一至五二册。

［宋］刘时举《续宋编年资治通鉴》，收入《丛书集成初编》，上海：商务印书馆，1935—1939年，第三八七九至三八八〇册。

［明］薛应旗《宋元通鉴》，台北：台湾商务印书馆，1973年。

［清］毕沅《续资治通鉴》，北京：中华书局，1957年。

［清］徐松辑《宋会要辑稿》，北京：中华书局，1957年。

［宋］马端临《文献通考》，《十通》本，收入《国学基本丛书》，台北：新兴书局，1965年。

［宋］王应麟《玉海》，台北：华联出版社，1964年。

［宋］李心传《建炎以来朝野杂记》，收入赵铁寒主编《宋史资料萃编》，台北：文海出版社，1967年，第一辑。

［宋］佚名《宋大诏令集》，北京：中华书局，1962年。

［明］陈邦赡《宋史纪事本末》，北京：中华书局，1977年。

［明］王洙《宋史质》，台北：大化书局，1977年。

［明］柯维骐《宋史新编》，台北：新文丰出版股份有限公司，1974年。

［清］陆心源《宋史翼》，收入赵铁寒主编《宋史资料萃编》，台北：文海出版社，1967年，第一辑。

［宋］朱熹《五朝名臣言行录》《三朝名臣言行录》，在《宋名臣言行录》，收入赵铁寒主编《宋史资料萃编》，台北：文海出版社，1967年，第一辑。

［宋］赵汝愚《宋名臣奏议》，收入《四库全书珍本》，台北：台湾商务
　　印书馆，1971 年，二集，第一二二至一三七册。

［宋］徐自明编《宋宰辅编年录》，收入赵铁寒主编《宋史资料萃编》，
　　台北：文海出版社，1967 年，第二辑。

［宋］李埴《皇宋十朝纲要》，收入赵铁寒主编《宋史资料萃编》，台
　　北：文海出版社，1967 年，第一辑。

［宋］钱若水等《宋太宗实录》残本，古籍出版社据傅氏藏园本校刊。

［宋］彭百川《太平治迹统类》，台北：成文出版社，1966 年。

［宋］杜大珪《名臣碑传琬琰之集》，收入《四库全书珍本》，台北：台
　　湾商务印书馆，1981 年，十一集，第五三至五九册。

［宋］田况《儒林公议》，上海：商务印书馆，1937 年。

［宋］曾巩《元丰类稿》，收入杨家骆主编《中国学术名著第六辑》，
　　《中国文学名著第六集》，台北：世界书局，1963 年，第八册。

［宋］江少虞《宋朝事实类苑》，上海：上海古籍出版社，1981 年。

［宋］司马光《涑水记闻》，收入杨家骆主编《增订中国学术名著第一
　　辑》，《增补中国笔记小说名著第一集》，台北：世界书局，1969 年，
　　第六册。

［宋］赵彦卫《云麓漫钞》，收入杨家骆主编《增订中国学术名著第一
　　辑》，《增补中国笔记小说名著第一集》，台北：世界书局，1969 年，
　　第六册。

［宋］王辟之《渑水燕谈录》，北京：中华书局，1981 年，标点本。

［宋］欧阳修《归田录》，北京：中华书局，1981 年，标点本。

［宋］苏辙《龙川略志》，北京：中华书局，1982 年，标点本。

［宋］苏辙《龙川别志》，北京：中华书局，1982 年，标点本。

［宋］王铚《默记》，北京：中华书局，1981 年，标点本。

［宋］王栐《燕翼诒谋录》，北京：中华书局，1981 年，标点本。

［宋］范镇《东斋记事》，北京：中华书局，1980 年，标点本。

［宋］宋敏求《春明退朝录》，北京：中华书局，1980 年，标点本。

［宋］岳珂《桯史》，北京：中华书局，1981 年，标点本。

［宋］张世南《游宦纪闻》，北京：中华书局，1981 年，标点本。

［宋］李心传《旧闻证误》，北京：中华书局，1981 年，标点本。

［宋］何薳《春渚纪闻》，北京：中华书局，1983 年，标点本。

［宋］邵伯温《邵氏闻见录》，北京：中华书局，1983 年，标点本。

［宋］邵博《邵氏闻见后录》，北京：中华书局，1983 年，标点本。

［宋］蔡绦《铁围山丛谈》，北京：中华书局，1983 年，标点本。

［宋］魏泰《东轩笔录》，北京：中华书局，1983 年，标点本。

［宋］庄绰《鸡肋编》，北京：中华书局，1983 年，标点本。

［宋］方勺《泊宅编》，北京：中华书局，1983 年，标点本。

［宋］周密《齐东野语》，北京：中华书局，1983 年，标点本。

［宋］罗大经《鹤林玉露》，北京：中华书局，1983 年，标点本。

［宋］赵与时《宾退录》，上海：上海古籍出版社，1983 年，标点本。

［宋］苏轼《东坡志林》，上海：华东师范大学出版社，1983 年，标点本。

［宋］苏轼《仇池笔记》，上海：华东师范大学出版社，1983 年，标点本。

［宋］洪迈《夷坚志》，北京：中华书局，1981 年。

［宋］洪迈《容斋随笔》，上海：上海古籍出版社，1978 年。

［宋］沈括撰、胡道静校证《梦溪笔谈校证》，上海：上海出版公司，1956 年。

［宋］沈括撰、胡道静校注《新校正梦溪笔谈校》，香港：中华书局，1975 年。

［宋］陈师道《后山丛谈》，台北：广文书局，1970 年再版。

［宋］吴处厚《青箱杂记》，上海商务印书馆据涵芬楼本印，1920 年。

［宋］彭乘《墨客挥犀》，上海：进步书局，年份不详。

［宋］释文莹《湘山野录》，上海：有正书局，1917 年。

［宋］叶梦得《石林燕语》，上海：进步书局，1920 年。

［宋］钱惟演《钱氏私志》，收入王云五主编《历代小史》，台北：台湾
　　商务印书馆，1969 年。

［宋］杨万里《挥麈录》，收入王云五主编《历代小史》，台北：台湾商
　　务印书馆，1969 年。

［宋］王明清《王氏挥麈录》，收入王云五主编《历代小史》，台北：台
　　湾商务印书馆，1969 年。

［宋］王曾《王文正笔录》，收入王云五主编《历代小史》，台北：台湾
　　商务印书馆，1969 年。

［宋］张端义《贵耳集》，收入王云五主编《历代小史》，台北：台湾商
　　务印书馆，1969 年。

［宋］王君玉《国老谈苑》，收入王云五主编《历代小史》，台北：台湾
　　商务印书馆，1969 年。

［宋］赵善璙《自警篇》，收入王云五主编《历代小史》，台北：台湾商
　　务印书馆，1969 年。

［宋］李元纲《厚德录》，收入王云五主编《历代小史》，台北：台湾商
　　务印书馆，1969 年。

［宋］董弅《闲燕常谈》，收入王云五主编《历代小史》，台北：台湾商
　　务印书馆，1969 年。

［宋］曾敏行《独醒杂志》，收入《知不足斋丛书》，台北：艺文印书馆，
　　1966 年。

［宋］张齐贤《洛阳缙绅旧闻记》，收入《知不足斋丛书》，台北：艺文

印书馆，1966 年。

［宋］释文莹《玉壶清话》，收入《知不足斋丛书》，台北：艺文印书馆，
　　1966 年。

［宋］赵升《朝野类要》，收入《知不足斋丛书》，台北：艺文印书馆，
　　1966 年。

［宋］周辉《清波杂志》，收入《知不足斋丛书》，台北：艺文印书馆，
　　1966 年。

［宋］赵令畤《侯鲭录》，收入《知不足斋丛书》，台北：艺文印书馆，
　　1966 年。

［宋］张舜民《画墁集》，收入《知不足斋丛书》，台北：艺文印书馆，
　　1966 年。

［宋］孔平仲《谈苑》，收入《宝颜堂秘籍》，台北：艺文印书馆，
　　1965 年。

［宋］何坦《西畴老人常言》，收入《百川学海》，台北：艺文印书馆，
　　1965 年。

［宋］彭乘《续墨客挥犀》，收入《古今说海》，台北：艺文印书馆，
　　1966 年。

［宋］范公偁《过庭录》，上海：进步书局，出版年份不详。

［宋］朱弁《曲洧旧闻》，上海：进步书局，出版年份不详。

［宋］郑景望《蒙斋笔谈》，上海：进步书局，出版年份不详。

［宋］释惠洪《冷斋夜话》，收入《学津讨源》，台北：艺文印书馆，
　　1965 年。

［宋］陆游《老学庵笔记》，收入《学津讨源》，台北：艺文印书馆，
　　1965 年。

［宋］王明清《玉照新志》，收入《学津讨源》，台北：艺文印书馆，

1965 年。

［清］丁传靖辑《宋人轶事汇编》，北京：中华书局，1981 年。

［清］潘永因《宋稗类钞》，台北：广文书局，1967 年。

［宋］欧阳修《欧阳永叔集》，收入《国学基本丛书简编》，上海：商务
　　印书馆，1936 年。

［宋］范仲淹《范文正集》，上海：商务印书馆，1919 年。

［宋］王安石《临川先生文集》，上海：中华书局，1959 年。

［宋］夏竦《文庄集》，收入《四库全书珍本》，上海：商务印书馆，
　　1934 年，初集，第一二○五至一二一六册。

［宋］韩琦《安阳集》，收入《四库全书珍本》，台北：台湾商务印书馆，
　　1973 年，四集，第二三○至二三二册。

［宋］余靖《武溪集》，收入《四库全书珍本》，台北：台湾商务印书馆，
　　1976 年，二集，第六九二至六九九册。

［宋］王禹偁《小畜集》，收入《丛书集成初编》，长沙：商务印书馆，
　　1938 年。

［宋］田锡《咸平集》，收入《四库全书珍本》，台北：台湾商务印书馆，
　　1973 年，四集，第二二八至二二九册。

［宋］张方平《乐全集》，收入《四库全书珍本》，上海：商务印书馆，
　　1934 年，初集。

［宋］宋祁《景文集》，收入《四库全书珍本》，台北：台湾商务印书馆，
　　1975 年，别辑，第二四四至二五一册。

［宋］苏轼《苏东坡集》，收入《国学基本丛书》，上海：商务印书馆，
　　1933 年。

［宋］苏辙《栾城集》，收入《四部丛刊》，台北：台湾商务印书馆，
　　1967 年，初编缩本第五三。

［清］王昶《金石萃编》，台北：国风出版社，1964 年。

［清］陆耀遹纂、陆增祥校订《金石续编》，台北:国风出版社,1965 年。

［清］陆增祥《八琼室金石补正》，台北：文海出版社，1967 年。

［清］胡聘之《山右石刻丛编》，收入严耕望编《石刻史料丛书》，台
　　北：艺文印书馆，1967 年，甲编。

［清］毕沅《关中金石记》，收入《经训堂丛书》，台北：艺文印书馆，
　　1969 年，第一七至一八册。

张维《陇右金石录》，收入严耕望编《石刻史料丛书》，台北：艺文印
　　书馆，1967 年，甲编。

宋徽宗撰、俞剑华标注《宣和画谱》，北京：人民美术出版社,1964 年。

［宋］米芾《海岳名言》，收入《美术丛书》，上海：神州国光社，1928
　　年，第八辑。

［明］董其昌《画眼》，收入《美术丛书》，上海：神州国光社,1928 年,
　　第三辑。

［明］张丑《清河书画舫》，台北：学海出版社，1975 年。

近人著作

张家驹《沈括》，上海：上海人民出版社，1962 年。

［英］李德·哈特（Liddle Hart）著、钮先钟译《战略论》（*Strategy*），
　　台北：军事译粹出版社，1955 年。

中国历史地图集编辑组《中国历史地图集》，北京：中国地图出版社，
　　1975 年，第六册（宋辽金时期）。

徐规《王禹偁事迹著作编年》，北京：中国社会科学出版社，1982 年。

汤中《宋会要研究》，收入《人人文库》，台北：台湾商务印书馆，

1966 年，第一六六种。

吴天墀《西夏史稿》增订本，成都：四川人民出版社，1982 年。

王曾瑜《宋朝兵制初探》，北京：中华书局，1983 年。

常征《杨家将史事考》，天津：天津人民出版社，1980 年。

论文

陈乐素《宋初三馆考》，收入《图书季刊》第三卷第三期，页 107—
    116。

刘子健《略论宋代武官群在统治阶级中的地位》，收入《青山博士古稀
    纪念宋代史论丛》，京都：省心书房，1974 年，页 477—487。

高辉扬《米芾家世年里考》，收入《天理大学学报》第一二一辑，1979
    年，页 1—16。

聂崇岐《论宋太祖收兵考》，收入《宋史丛考》，北京：中华书局，
    1980 年，页 263—282。

陈守忠《王安石变法与熙河之役》，收入《甘肃师大学报（哲社版）》
    1980 年第三期，页 3—14。

罗球庆《北宋兵制研究》，收入《新亚学报》第三卷第一期，1957 年 8
    月，页 167—270。

罗球庆《宋夏战争中的蕃部与堡寨》，收入《崇基学报》第四卷第二
    期，1967 年 5 月，页 223—243。

余嘉锡《杨家将故事考信录》，收入《余嘉锡论学杂著》，北京：中华
    书局，1963 年，页 417—490。

李安《杨家将的事迹》，收入《宋史研究集》第九辑，台北：中华丛书
    编审委员会，1977 年，页 589—601。

畑地正宪著、郑梁生译《五代、北宋的府州折氏》，收入《食货月刊》
　　复刊第五卷第五期，页229—249。

林瑞翰《宋太祖太宗之御将及太宗之治术》，收入《台湾大学历史学系
　　学报》第五期，页53—71。

梅原郁《宋代の恩荫制度》，收入《东方学报》第五二册，页501—
　　536。

柳诒征《宋太宗实录校证》，收入《史学与地学》第二期，页343—
　　372；第三期，页523—539。

任生《太宗皇帝实录读后记》，收入《责善半月刊》第一卷第四期，页
　　15—19。

徐规《〈梦溪笔谈〉中有关史事记载订误》，收入《宋史研究论文集》，
　　上海古籍出版社，1983年，页570—579。

陈振《宋史研究中官制引起的几个问题》，页178—202。

来可泓《李心传及其〈旧闻证误〉》，收入《宋史论集》，中州书画社，
　　1983年，页540—557。

宋常廉《高梁河战役考实》，收入《大陆杂志》第三九卷第十期，页
　　26—36。

蒋复璁《宋太宗晋邸幕府考》，收入《大陆杂志》第三零卷第三期，页
　　15—23。

程光裕《澶渊之盟与天书》（上、下），收入《大陆杂志》第二二卷第
　　六期，页11—17；又第二二卷第七期，页21—28。

任长正《芦浦笔记各种版本的比较研究》，收入《宋史研究集》第二
　　辑，台北：台湾编译馆，1964年，页89—100。

李宗侗《芦浦笔记各种版本的比较研究》，收入《宋史研究集》第二
　　辑，台北：台湾编译馆，1964年，页101—104。

蒋复璁《澶渊之盟的研究》，收入《宋史研究集》第二辑，台北：台湾
　　编译馆，1964 年，页 157—198。

陈乐素《徐梦莘考》，收入《宋史研究集》第二辑，台北：台湾编译馆，
　　1964 年，页 475—515。

刘子健《王安石曾布与北宋晚期官僚的类型》，收入《宋史研究集》第
　　三辑，台北：台湾编译馆，1966 年，页 123—148。

翁同文《王诜生平考略》，收入《宋史研究集》第五辑，台北：中华丛
　　书编审委员会，1970 年，页 135—168。

赵铁寒:《朱弁和他的〈曲洧旧闻〉》，收入《宋史研究集》第五辑，台
　　北：中华丛书编审委员会，1970 年，页 187—202。

曾我部静雄《关于中国军队的编制名称——都与指挥》，收入《宋史
　　研究集》第五辑，台北：中华丛书编审委员会，1970 年，页 329—
　　340。

芮和蒸《论宋太祖之创业开国》，收入《宋史研究集》第五辑，台北：
　　中华丛书编审委员会，1970 年，页 429—478。

陈芳明《宋初弭兵论的检讨（960—1004）》，收入《宋史研究集》第九
　　辑，台北：中华丛书编审委员会，1977 年，页 63—98。

金中枢《北宋选人七阶试释》，收入《宋史研究集》第九辑，台北：中
　　华丛书编审委员会，1977 年，页 269—276。

裴汝诚、许沛藻《〈续资治通鉴长编〉注文考略》，收入《宋史研究论
　　文集》，上海古籍出版社，1982 年，页 594—621。

友永植《唐五代三班使臣考——宋朝武班官僚研究その（一）》，收入
　　《宋代の社会と文化》，东京：汲古书院，1983 年，页 29—68。

附　录

附录一　种世衡反间计考异

　　种世衡的反间计，是宋夏和战交涉过程最耐人寻味的一节。和议之后，有关种氏的功绩曾引起议论，他的长子种古更和主持接洽和议的庞籍打起官司，说庞氏吞没了他们父子的功劳，朝廷虽然不相信，但还是追赠世衡为刺史，后来再追赠为团练使，不过这件事真相如何，仍有待作一探究。《宋史》卷三三五《种世衡传》，页 10743：

> 　　有僧王光信者，……改名嵩，世衡为蜡书，遣嵩遗刚浪，……元昊疑刚浪贰己，不得还所治，且锢嵩穿中。使其臣李文贵以刚浪旨报世衡，……时朝廷已欲招附，（庞）籍召文贵至，谕以国家宽大开纳意，纵使还报。元昊得报，出嵩，礼之甚厚，使与文贵偕来。自是遣使者请降，遂称臣如旧。

　　据上述记载，种世衡的行动本来是派王嵩去离间元昊的大将刚浪，但元昊则乘机遣使，正好与庞籍接洽，于是达成和议。由于这个缘故，王嵩虽然不是庞籍派去的，但庞籍却疏录了他的劳绩。据《宋史》本传，页 10744：

籍疏嵩劳，具言元昊未通时，世衡画策遣嵩冒艰险间
其君臣，遂成猜贰，因此与中国通，请优进嵩官，迁三班
奉职。

李焘《长篇》卷一五五，页 14，庆历五年（1045）五月，
时王嵩又因对自陈，再迁右侍禁阁门祗候。

然而世衡的长子种古却认为庞籍吞了他父亲的功。《宋史》
本传，页 10744：

世衡死，籍为枢密使。世衡子古上书讼父功，为籍所
抑。古复上书遂赠成州团练使，……籍既罢，古复辩理，
下御史考验，以籍前奏王嵩疏为定。诏以其事付史官。

朝廷既以庞籍奏王嵩疏为定案，则宋史的记载似乎就是根
据他的奏章而来。

然而这一次争讼中，庞籍之说也多少有些变更。《涑水记
闻》卷九，页 99—100：

（古曰）“父世衡遣王嵩入夏虏，离间其用事臣，野利
旺荣兄弟皆被诛，元昊由是势衰，称臣请服。经略使庞籍
掩臣父之功，自取两府。”庞公时为枢密使，奏称：“嵩入
虏境即被囚，元昊委任旺荣如故，及元昊请服之时，先令
旺荣为书遗边将。元昊妻即旺荣妹，元昊黜其妻，旺荣兄
弟皆怨望，元昊既称臣，后二年，旺荣谋因元昊子娶妇之
夕作乱杀元昊，事觉族诛，非因嵩离间而死。臣与范仲淹、

韩琦皆豫受中书札子："候西事平，除两府。"既而仲淹、琦
先除，臣次之，非臣专以招怀之功得两府，文书具在，皆
可考验。"朝廷知古妄言。

庞籍这段答词的要点为：

（1）王嵩入虏境即被囚；

（2）元昊委任旺荣（刚浪）如故，及元昊请服之时，先令
旺荣作书遗边将；

（3）旺荣兄弟非因王嵩而死；

（4）庞籍自己并非凭招怀之功除两府。

　　按照前三点，则说明王嵩的反间是一项失败的行动，因为
元昊仍任用旺荣，而旺荣之死是由于另外一件事。

　　但若按照前引庞籍的前一奏，却承认王嵩"冒艰险间其君
臣，遂成猜贰，因此与中国通"。虽然《涑水记闻》并未记载庞
籍的前奏，但《长编》卷一五五，页14却加以记载，又在《永
乐大典》卷一二四〇〇，页25B处说明"刚浪即旺荣也"。综合
以上史料，觉得庞籍前后两奏，虽未有截然矛盾，但总有不一
致之处。朝廷"以籍前奏王嵩疏为定。诏以其事付史官"，似乎
亦察觉到前后两奏有所不同。故特声明以前奏为准。

　　《长编》，《永乐大典》卷一二四〇〇，页25—26记载此事
颇详，其中对此事的描述为：

　　　　刚浪凌得书大惧，自所治执归元昊。元昊颇疑刚浪凌
二己，不得还所治，且锢嵩穽中，遣教练使李文贵以刚浪
凌旨报世衡。

　　与《宋史》种世衡传相同，而且在过程方面，亦与庞籍前奏"世衡画策遣嵩冒艰险间其君臣，遂成猜贰，因此与中国通"的意思相符。

　　《长编》与《宋史》种世衡相同之处亦不止一端，由开始时其他边臣企图行间，到王嵩投书，元昊派李文贵来接洽等事，都与《宋史》种世衡传，页10743的文字大略相同。李焘在《长编》，《永乐大典》卷一二三九九，页12中的小注称"王嵩事参取种世衡传"，当时未有《宋史》，应为《宋史》的种世衡传。《永乐大典》卷一二四〇〇，页26A有一小注，指出国史种世衡传的一点错误："世衡传云：李文贵至青涧城，世衡以白籍。按世衡春时已徙环州，以文贵书白籍，必非世衡。若始谋遣嵩，则固世衡也。"这就是说国史"世衡以白籍"的记载不确，然而《宋史》种世衡传，页10743就有"世衡以白籍"的一句。《长编》既早于《宋史》，同时也改正了国史的错误，《宋史》则仍袭其误。又《长编》卷一五五，页14记载王嵩授官时加注："此据种世衡传，又云：世衡闻叶勒兄弟已诛，为文越境祭之……然非事实也，今不取。"《宋史》本传，页10744却仍有"世衡闻野利兄弟已诛，为文越境祭之"一句。《长编》已经改正了国史之误，《宋史》却没有改，可见《宋史》是取材于国史，而对《长编》的辨正未加采用。《长编》《宋史》既分别取材于国史，其内容相近实不足为奇，而史馆又根据庞籍的前奏为定，因此现时所见《长编》和《宋史》的记载，都不说王嵩能使元昊杀旺荣，而只说元昊猜贰旺荣，不得还所治而已，其来源于庞籍的前奏，线索甚为明显。

　　然而庞籍的前后两奏内容既有出入，其可信程度是否值得怀疑？后奏既以与种古对讼，遂直欲否定反间计的效力，固未可尽信；但前亦以"请优进嵩官"为言，既是论功行赏，不免要说些功劳出来做理由。故庞籍前奏说王嵩能令元昊君臣猜贰，是反映真实情况还是冠冕之辞，不无疑问。

李焘在《长编》卷一五五，页14—15 的注又云："墓志盖亦谓叶勒（野利）兄弟果被诛，与世衡传合，当更考之。或仲淹但凭世衡子古之言，要非事实也。"《宋史》本传，页10744 在"遂称臣如旧"一句下，又有"世衡闻野利兄弟已诛，为文越境祭之"，前段已说明其出于国史种世衡传，所谓"与世衡传合"就是这个意思。他怀疑范仲淹只凭种古的一面之词，而范仲淹的措辞其实甚为含糊。《范文正集》卷十三《东染院使种君墓志铭》，页18A—18B：

> 又出奇以济几事，尝遣谍者入虏中，凡半岁间，而虏诛其握兵用事者二三人，谍者还言其谋得行，会君已殁，天子方怀来，故其绩不显。

可注意的是这段记载在整个墓志中的地位，范氏对种世衡一生的描述，首先由筑青涧城开始，到他的死，都叙述甚详，然后再补叙他的出身以及做文官时的早年事迹。上引的这一段记载被放在全文之末，铭文之前，既不提谍者之名，又不提西夏大臣之名，可见范氏并未将反间计作为种氏的重要事迹来处理。据范氏文意："凡半岁间，而虏诛其握兵用事者二三人，谍者还言其谋得行。"并未确认西夏握兵大臣之死是由于谍者之功，只是谍者自称其谋得行而已。

　　范仲淹之说既语焉不详，而宋人其他记载复多歧异，以下据沈括《补梦溪笔谈》卷二"权智"，页312；魏泰《东轩笔录》卷八，页94—95；《涑水记闻》卷九，页99；卷十，页107；卷十一，页123及朱熹《五朝名臣言行录》前集卷七所引吕大临《吕与叔文集》四方面的史料列表，以供比较。

　　上述记载中差异最大的是《补梦溪笔谈》和《涑水记闻》。关于王嵩的出身，前者最详细，后者最不详细；关于宋夏议和与王嵩之归国，后者最详细，前者最不详细，竟以"邂逅"得归来交代了事。关于种世衡拷打王嵩，沈氏记载王嵩受知于世衡，而世衡借机先拷打一番来考验他，并以他是敌谍来做借口，隐藏其真正动机；而司马光则记载种世衡直说用他为间谍，当场试打，毫无隐瞒之意。至于书信，虽然都是一封，但沈括所载是藏于袍中，司马光所载亦无隐瞒之意，魏泰所载有一明一暗两书，或为折中之说。沈括以遇乞为用间的对象，司马光则作旺荣；沈括以遇乞受疑而死，司马光则载旺荣带出王嵩，正与庞籍"元昊委任旺荣如故"之说相符。魏泰、吕大临都明言元昊失良将，于是讲和，却与种古讼词相应，《涑水记闻》认为元昊"欲归中国而耻于自言"，才利用囚禁着的王嵩来向宋人试探，并未承认反间计有何效力，可见近于庞籍后奏，因为庞籍前奏还承认王嵩能令元昊君臣猜贰的，而《涑水记闻》则连这一点也看不到。

　　由以上的比较，可以发现《涑水记闻》无论在故事的大要和细节方面，都和其他三种记载不同，也就是说，种世衡的反间计根本不见有任何效力，王嵩反而被元昊利用来做谈判的桥梁，于是事情便变了质，由间谍战变为外交谈判了。

表四　关于种世衡反间计的不同记载

	《补梦溪笔谈》	《东轩笔录》	《涑水记闻》	《吕与叔文集》
关于王嵩的出身	种世衡初营青涧城，有紫山寺僧法崧，以义烈自名。世衡延置门下，恣其所欲。供亿无算。崧酣酒，狎博无不为，世衡遇之愈厚。留岁余，崧亦深德世衡，自处不疑。	有悟空寺僧光信者，边人谓之王和尚，多往来洛魄酗酒，世衡尝厚给酒肉，善遇之。	卷十，页107：种世衡知青涧城，白始平公遣土僧王嵩遗刚朗书。卷九，页99及卷十一，页123都只说"僧王嵩"。	有王嵩者，本青涧僧，将军察其坚朴，诱令冠带，因出师，以贱级子之，白于帅府表授三班僧职，充经略司指使，且力为办其家事，凡居室骑从，衣食之具悉出将军。
关于种世衡拷打王嵩	一日，世衡忽怒谓崧曰："我待汝如此，何相负也？"搜下械连，系捶掠，极其苦楚。凡一月，濒于死者数矣，崧终不伏，曰："崧，丈夫也。"	无此记载。只载一日，语信曰："我有书答野利相公，若即以书为我赍之。"即以书授信。	卷九，页99：欲遣僧王嵩人赵元昊境为间，与之饮，谓曰："虏若得汝，拷掠求实，汝不胜痛，当以实告耶？"嵩曰："誓死不言！"世衡曰……	嵩感恩既深，将军反礼之，以奴畜之，或掠治械系数日，嵩虽不胜，卒无一辞，将军知可任以事。居半年，召嵩谓之曰："吾将以事使汝，吾戒……"

续表

	《梦溪笔谈》	《东轩笔录》	《涑水记闻》	《吕与叔文集》
关于种世衡拷打王嵩	公听奸人言，欲见杀，则死矣。终不以不义自诬。毅然不顾，世衡审其不可屈，为解缚沐浴，复延入卧内，厚抚谢之曰："聊相试耳。欲使为间，万一可以见疑，将泄吾事。设使人以此见劳，能不相负否？"嵩默然曰："试为公为之。"		曰："先试之！"乃缚嵩于庭而掠之数百。嵩不屈。世衡曰："汝真可也！"（《长编》《永乐大典》卷一二三九九，页12略同）（《东都事略》卷六一《种世衡传》亦略同）	汝所不言，其苦虽有甚于此者，汝能为吾卒不言否？"嵩泣对曰："蒙将军恩数，致身荣显，常誓以死报而未知其所，况敢辞捶楚乎？"
书信数量	1	2	1	2
关于王嵩投书及书信之内容	世衡厚遗遣之，以军机密事数条与嵩借手，仍伪为报西羌。临行，世衡解所服服絮袍赠之曰："胡地苦寒，以此为别。至彼须万计求	临发，复召，饮之酒而谓曰："塞外苦寒，吾为若纳一衣，可以御之以行。回日当复以归我。"信始回，即为逻兵所及山界	卷九，页99：世衡使嵩为民服，赍书与旺荣曰："向者得书，知有善意，欲背嚮伪，归款早朝廷，甚善，事宜早发，孤疑变生。"日遣之嵩	将军乃草遗野利书，书辞大抵如世间问起居之仪，惟以数句隐辞，如尝有私约而劝其速行之意，书于尺素，且青以蜡，置韬衣间，密缝之，告嵩非滨死

续表

	《补梦溪笔谈》	《东轩笔录》	《涑水记闻》	《吕与叔文集》
关于王嵩投书及书信之内容	见遇乞，非此人无以得其心腹。"遇乞如所教。嵩通遇乞，间关求通遇乞。房人觉之，执于有司。数日，或发其袍，领中得世衡与遇乞书，词甚款密。	摘，及得赍书，以见元昊，元昊发其书，元则寻常寒暄之问，元昊益疑之。遂缚信拷掠千余，至胁以兵刃，信终言无它。元昊益疑，顾见信所衣之袄甚新洁，立命裂之袄新洁，即中得乞之书，其言："前承书有归投之约，及云只候得报，当如期举兵人果，惟尽以一厢人马为内应，寻获朝廷。朝廷当以靖难军节度使西平王奉赏。"	及银龟，旺荣以闻之元昊。卷十一，页123：及书遗旺荣曰："汝向欲归附，何不速决？"旺荣见之笑曰："种君年亦长矣，乃为此儿戏乎？"	不得泄，如泄之，当以负恩，不能成吾事为言，并以画龟一幅，寄一部为信，俾遗野利。嵩受教至野利所居，致将军命，出枣龟投之，野利知见悔。笑曰："吾素奇种将军，今何儿女子见识。"度嵩别有书，嵩佯目左右，答以无有。野利不敢匿，乃封其信上元昊。

	《补梦溪笔谈》	《东轩笔录》	《涑水记闻》	《吕与叔文集》
西夏对王嵩的处理	房人觉而疑之，执于有司。……嵩初不知领中书，房人苦之备矣，不言情。房人因疑遇之，舍嵩，迁于北境。	元昊疑之，遂缚信拷掠千余，至胁以兵刃，信终言无它。	卷九，页99：旺荣以闻之元昊，锁嵩囚地窖中。卷十一，页123：囚嵩于窖中。	数日，元昊召野利与嵩俱西北行，至一大城，曰兴州，先诣一官寺，曰枢密院，次曰中书，有数胡人杂坐，野利与焉。召嵩廷诘将军书问所在，嵩坚执前对，稍稍去巾帻，加执缚，至于捶楚极苦，嵩终不易其言。又数日，召入一官寺，厅事广楹，皆垂班珠东箔，绿衣宫室立左右，嵩意元昊宫室也，少顷，箔中有人出，又以前同责之曰："若速言，死矣。"嵩对如前，乃命曳出

续表

	《朴梦溪笔谈》	《东轩笔录》	《涑水记闻》	《吕与叔文集》
西夏对王嵩的处理				诛之。嵩大号，且言曰："始将军遣嵩密遗野利王书，戒不得妄泄。今不幸书空死，不丁将军事，吾负将军！吾负将军！"箭中急使人诘问之，嵩具以对。
元昊对遇乞的处理	虏人因疑遇乞，……久之，遇乞终以疑死。	元昊大怒，自此夺遇乞之兵，既又杀之。		乃褫袖衲衣取书以进，书人，移刻始命嵩就馆，优待以礼。元昊于是疑野利，阴遣爱将假为野利使使于将军。将军知元昊所遣，未即见。命属官日馆劳之，同房中山川地形，在兴州左右则详，迫野利所部，会擒生房数人，多不能悉。

续表

	《梦溪笔谈》	《东轩笔录》	《涑水记闻》	《吕与叔文集》
元昊对遇乞的处理				因令隙中视之，生房能言其姓名，果元昊使，将军传野利语，称野利有心内附，乃厚遣使者曰："为吾语若王，速决无迟留也。"度使者至，嵩即还，而野利已报死矣。
关于宋夏议和与王嵩之归国	嵩邂逅得亡归，尽得庞中事以报，朝廷录其劳，补右侍禁，归姓为王。	遇乞死，山界无良将统领，不复有侵掠之患，而边陲亦少安矣。渭西戎人贡信得归。谅祚遣西人贡，改名嵩。	卷十一，页123：凡岁余，元昊虽屡入寇，常以胜归，然人畜死伤亦众，部落甚苦之。又岁失赐遗及缘边交市，颇贫乏，思归朝廷而耻先发。庆历三年，使旺荣再	（以下述世衡境遇设祭再同天都王）元昊既失二将，久之，始悟为将军所卖，遂请议和之策焉。《东都事略》卷六一·《种世衡传》略同。

续表

关于宋夏议和与王嵩之归国	《梦溪笔谈》	《东轩笔录》	《涑水记闻》	《吕与叔文集》
			出嵩而问之曰："我不晓种使君之意，欲与我通和耶？"即赠之衣服，遣教练使李文贵与之偕诣世衡。时龙图阁直学士庞为鄜延经略招讨使，止之于边不遣。朝廷以庆前，赦元昊之罪，密诏籍怀之。卷九及卷十所言大体相同，卷十提及此事在定川之战后，与上述"新寇泾原"吻合，《长编》"寇泾原"	

续表

	《梦溪笔谈》	《东轩笔录》	《涑水记闻》	《吕与叔文集》
关于宋夏议和与王嵩之归国			大体综合以上记载而成，但卷十四主持招抚的人是种世衡而非庞籍，《长编》不取。	
附识	世衡本实松为死间，邂逅得生还，亦命也。康定之后，世衡数出奇计。子在边，得于边人甚详，为新其庙像，录其事于篇。			

　　《涑水记闻》的史料来源，卷九的一条出于"众云及自见"。卷十一两条均不著出处，而这两条都略于反间计的过程而详于庞籍与李文贵的对话，向朝廷的建议和接洽和议的过程，很可能出于官方的记载。

　　至于其他三种史料，除沈括声明"予在边，得于边人甚详"之外，都不知来源。沈括在元丰（1078—1085）时为延帅，他收集的史料自有一定价值。由此言之，《涑水记闻》与《补梦溪笔谈》的歧异，可看成官方史料与民间史料的歧异。

　　《长编》，《永乐大典》卷一二三九九，页 12 注称"王嵩事参取种世衡传、司马光记闻、沈括笔谈"。同页记载王嵩之出身与种世衡拷打王嵩的事情，前者全同沈括，后者全同司马光，其他仍以种世衡传为本，似乎以官方史料为主。对于沈括的记载，李焘只采用关于王嵩之出身的一节，而不采其过程。

　　王称《东都事略》及朱熹《五朝名臣言行录》则颇采用其他来源的记载。《东都事略》卷六一《种世衡传》先叙述他的生平，到死后才补叙他收服慕恩和反间计的事情，收慕恩的事《涑水记闻》卷九已有记载，而且注明是从郭固那里得来，来源明白；关于反间计一节，种世衡拷打王嵩一事与《涑水记闻》卷九，页 99 相同，"诱令冠带，因出师，以贼级与之，白于帅府"以下略同于吕大临，尤其提及召入官寺，"皆垂斑竹箔，绿衣小童立其左右，嵩意其元昊宫室也"的一段描述，是沈括和魏泰所无的，无疑取自吕大临的记载。不过他没有取元昊派人去种世衡处探听，为种氏所识破的一事。大抵《东都事略》本传是综合范仲淹、司马光和吕大临的记载而成。

　　朱熹《五朝名臣言行录》前集卷七，页 243—251 所录种世衡的言行，先后引用过范仲淹、司马光、沈括和吕大临的记载；但关于反间计的一条，则采用吕大临，而不采司马光和沈括的记载。然则吕大临的记载颇为王称、朱熹所采，而不为李焘所采。

官方与非官方史料既有岐异，南宋史家对此已无一致看法，要骤断其孰为可信，容易产生偏见。胡道静《梦溪笔谈校证》（上海：上海出版公司，1956 年）引言第十页中说："司马光的记载，完全是站上封建统治集团的立场上来写的……可是既知种古在胡说，为甚么又要给他个官儿来堵堵嘴巴呢？对比了沈括的来自老百姓的记述后，我们一定能够看得清楚：种古有理由捏造父亲的功勋，人民却没有理由来捏造种世衡的功勋。"吴天墀《西夏史稿》（成都：四川人民出版社，1983 年第二版）页79 注十四说胡道静："理由尚欠充实，……《涑水记闻》载出庞籍的论辩，指明元昊杀野利弟兄在媾和后二年，它既经'御史台考实'，别无异言，且宣付史馆，较诸种古之言实为可信。"

从吴天墀之说可见野利兄弟被杀的时间是一项关键。《涑水记闻》卷十一，页 111—112：

　　拓拔谅祚之母密藏氏，本野利旺荣之妻，曩霄（元昊）通焉，有娠矣。曩霄初娶野利氏，生子宁令，将纳刚朗凌女为妇，旺荣与刚朗凌谋，因成婚之夕，邀曩霄至其帐，伏兵杀之。事泄族诛。密藏氏削发为尼，而生谅祚。庆历八年，正月辛未，宁令弑曩霄，国人讨诛之，立谅祚。

这与庞籍说"旺荣谋因元昊子娶妇之夕作乱杀元昊，事觉族诛，非因嵩离间而死"相通，亦为此说最强的证据。若然，则吕大临所记"元昊既失二将，久之，始悟为将军所卖，遂定讲和之策焉"及魏泰所记"遇乞死，山界无良将统领，……洎西戎入贡，信得归"之说均不确。

《涑水记闻》在卷十，页108还记载着庞籍论刚朗凌称太尉的问题：

> 还书草称刚朗凌等为太尉，使公报之。公曰："方今抑其僭名，而称其臣已为三公，则元昊可降屈耶？"

卷十一，页124又记：

> （李）文贵寻以旺荣、曹偶四人书来，用敌国修好之礼，……朝廷急于休息，命籍复书，纳而勿拒，称旺荣等为太尉。

司马光在这里是记载敌国的和战大事，旺荣就是接洽的人；而魏泰和吕大临则在记载种世衡其中一件事迹，将敌国大臣之死归功于他，是不足为奇的。沈括记载"虏人因疑遇乞，舍崧迁于北境，久之，遇乞终以疑死。崧邂逅得亡归"，没有说到底在和议之前还是之后，也没有说到底在世衡死前还是死后。因此不及魏泰、吕大临之说脆弱。

然则种世衡派王嵩行间，本来意在离间元昊君臣，但野利兄弟并未立即被诛，而要到宋夏和议之后才因叛变而被杀，而宋夏议和在庆历五年，种世衡已去世，未能看见野利兄弟之死。

以上若可作为初步的依据，则另一次反间计的记载便可怀疑。

沈括在《梦溪笔谈》卷十三记有另一次反间，见页 148—149：

　　又元昊之臣野利，常为谋主，守天都山，号天都大王，
与元昊乳母白姥有隙。岁除日，野利引兵巡边，深涉汉境
数宿，白姥乘间谮其欲叛，元昊疑之。世衡尝得蕃酋之子
苏吃曩，厚遇之，闻元昊尝赐野利宝刀，而吃曩之父得幸
于野利，世衡因使吃曩窃野利刀，许以缘边职任，锦袍、
真金带。吃曩得刀而还，世衡乃唱言野利已为白姥谮死，
设祭境上，为祭文，叙岁除日相见之欢。入夜，乃火烧纸
钱，川中尽明。虏见火光，引骑巡边窥觇，乃佯委祭具，
而银器千余两悉弃之。虏人争取器皿，得元昊所赐刀，乃
火炉中见祭文已烧尽，但存数十字。元昊得之，又识其所赐
刀，遂赐野利死。野利有大功，死不以罪，自此君臣猜贰，
以至不能军。平夏之功，世衡计谋居多，当时人未甚知之。

　　朱熹《五朝名臣言行前录》卷七引《吕与叔文集》，页
250："使者至，嵩即还，而野利已报死矣。将军知谋已行，因
欲并间天都，又为置祭境上。"

　　以下所述多同沈括。吕大临把两件事说成有关系，派遣王
嵩在先，越境设祭在后。《长编》不采此事，李焘的理由其实也
相当简单，若野利兄弟并未死，此说自有疑问，见《长编》卷
一五五，页 14 注：

　　世衡以庆历五年正月七日卒，此时叶勒兄弟未诛。……
嵩但能离间元昊，使不仕叶勒兄弟尔。世衡越境设祭，果

非事实。

《宋史》本传，页 10744 亦载有"世衡闻野利兄弟已诛，为文越境祭之"一句，尤为昧于事实，这时不但野利兄弟未诛，而且世衡的用意也在于离间他们，并非真的有何感情。当然，以旺荣未死，不足否定世衡曾经这样做，但如真有此事而无效力，就不能算是个重要问题。

钱惟演《钱氏私志》记载了一件几乎完全相同的事，但主持者却是曹玮而非种世衡，见《历代小史》卷四一，页 4—5：

> 郭传师太尉说：曹南院知渭州，夏人挠边，有智将靳鞊，与渭对垒，下十余寨，宿兵十余万，夏人岁遣数百骑精锐觇视两界。曹患靳鞊智勇，我探骑伺彼巡边兵来，适靳鞊逾月病不能起，曹乃于界首设一大祭赙，器物照耀原野，用祝版云：大宋具位曹某，照告于夏国都护某人，公累以蜡书，约提防部归我大宋，我待公之来，不期天丧，考人事无终始。令百骑守祭，下望其兵近，即举兵烧祭，并所用银器千余两悉弃而遁归。夏兵尽掠祝版祭器而去。后旬日，夏国杀靳鞊，其下二十余帐反侧不安，牵众内附，拓地数百里，获生口数万，羊马橐驼不可胜计。

曹玮守渭州在种世衡之前，两件事竟如出一辙，甚至"银器千余两"也是一样。可能宋之边臣常有这类行动，故事在流传中调转了角色，反而成效却不是那么容易断定。无论如何，越境设祭一事的可信度应比王嵩反间之事为低。

附录二　北宋武臣换文资条例述要

据《宋会要辑稿·职官》六一"换官"条，可以得到北宋武臣换文资的个例三十三个，其中没有包括种谔和种师道，可知是一个不完全的统计。同时，以上记载更具列了自宋真宗大中祥符三年（1010）至北宋末的武官换文资条例的变化。这样屡次更换的条例，自不会为这三十三人而设，实际上由武官转文资的官吏当不止此数。

同上记载中，武臣换文资的条例最早的一条在大中祥符三年，那时的条例还比较简单，而且相当广泛，规定凡朝官转武资，诸司使副，三班使臣换文资，都要试时策三道，甚至不习文辞的也可以口头"直述其事"，任武职的要问边事。到两年后的五月又再加了一条，要求"询其武艺"。[1] 不过无论如何，这个个例并不算复杂，着重的大概在于人的才识，所以连不识字的也可以用口头代替。

宋仁宗天圣四年（1026）十一月，下诏规定了换官的等级，这在以前似乎没有详细规定过。这个规定的重要性自不待言，到底武官的哪一级等如文资官的哪一级？不规定下来，就难以执行。以下是当时所定的等级：[2]

表中列有不少附加条件，譬如"若进士，与家便"；"候得替，无赃罪"等；视为优待的如"家便""近地"等，也分得比较仔细。

武资官	左班殿直	右班殿直	三班奉职	三班借职	殿侍
文资官	试衔近地知县，候得替，无赃罪，与节（度）（观）察推	家便大县簿尉。候得替，无赃罪，与初等职事官，诸科令录	簿尉。若进士，与家便；诸科，与近地	小处判官、簿尉	郊社斋郎

　　天圣七年（1029），又下诏说殿侍要转文资，若出于文资之家，便立即表状，又说要开列所习文辞，经业的名目。[3]这显然是将难度提高了，一方面要考虑是否文资之家，开了日后要写家状的先声；另一方面，将时务策改为开列文辞、经业的名目，于是更为接近正式的考试，以前可以用口头代答的规例也不见了。当然，这项条例只是针对殿侍一级的武臣而言，而到了七月，却索性下诏殿直以上武臣乞换文资"并不行"。[4]不过，殿直到殿侍之间的三班奉职和三班借职是否准转，则不见诏中有何明确规定。

　　从四年到七年这三年间增添了以上的条件，都反映出换文资的限制比以往更大，而且标准趋于客观化。从这个转变或可窥见武臣中必有为数不少的人企图转文资，所以才要立例来规定细则和加以限制，甚至只定了殿侍转换文资的方法，而殿侍在武臣中是最低的一级。

　　到了天圣八年（1030），因林太之请，朝廷又将条例修改为"委是文资之家骨肉，年二十五以上"，又要试读律和写家状。[5]这次转变可能基于去年所定的过于严格，所以重新再定一次。

然而这次的新例却明确规定了要是文资之家的骨肉，才有换文资的资格。这条条例可以作这样的了解：据正文中表三所列大中祥符八年（1015）所定的承天节和南郊奏荫子弟的条例，可发现文臣亦可荫子为武官，所以应有一批武臣"委是文资之家骨肉"，条例则为他们转回文资的要求而生。若然，则天圣八年这条条例是着重家世背景的了。至于要亲写家状，一方面用来呈报家世的数据，甚至也可以借此考核其书写能力，不过未知是否必须临场下笔，实时呈交。

《宋会要辑稿》所载的这一年换官的个例，如王衮、马仲甫、史世隆都合符条件而得文资；陈象则自称原是进士，宋回以"早亲学问"为理由，也得以改换文资。郭道暭本来是左班殿直，按例应换试衔近地知县，却只得簿尉；陈绍孙属于特殊情况，他父亲为他请求，宁可将三班奉职换为一个无料钱的京官，才特别批准。[6]

以上就天圣年间（1023—1032）的条例来看，武臣换文资已渐告制度化，主要的考核标准如写家状，出身文资之家，读律和文辞、经业等项目都已先后出现。

庆历元年（1041），朝廷进一步规定因边事而补入班行的武臣不准转换文资，[7] 这无非是再一次强调要文资之家的子弟才有换官的资格。

不过到了庆历三年七月，条例便稍为放宽，三班奉职以下虽三代并非文资，而有亲叔伯兄弟在任者，亦有换官的资格，[8] 这便降低了家世的决定性。庆历五年时李昭述说"惟试读律，写家状便与换官"，[9] 大概便是指这次改制后的情况，不过他下面所说的却不知所指，"其年及格五班使臣，却试书算或弓弩，条例轻重不相准，诏依文资与试"，[10] 好像在说文臣换武官比较难考，但不十分明确。

皇祐四年（1052）十二月殿侍换官又有了新例，更为接近考试。规例是将"习文业"与"习经业"分开两科考试，习文业试诗赋各一，"并依礼部条例施行"；"习经业则须精一经，以问十得六为通"，[11] 仿佛"进士"和"明经"两科考试，非常有趣。

这项新例不知实际上施行了多久，熙宁五年（1072），随着王安石新法的逐步推行，换官条例也有所修订。当年三月十九日，中书礼房提交一个换官法，文臣自秘书监以下，武臣自防御使以下的各级官员对换的等级都有所规定，比之天圣四年只包括左班殿直以下的低级武臣是详尽得多。这个换官法中声明文换武或武换文都按照这个等级对换，所不同的是三班奉职以下，但只是微有差异。[12] 比之天圣四年的对换条例，三班奉职以下所换的等级亦不见有太大的变动。[13] 大概新例没有定下换官的条件，检详兵房文字朱明之便提出今后内殿承制以下愿换文资的，需三代曾任文资，子孙及亲叔伯兄弟现在正任文官，这又比庆历三年的条例稍为注重家世。此外，又要试断案及律义，如果是选人，则依进士试经义或试法官条例。[14] 后来，又下诏"武臣已有试换文资法，今后更不许臣僚举换"，[15] 进一步将换官纳入制度化的条例。元丰五年（1082），再下一条补充的规例，重申义勇、保甲和呈试武艺得入班行者不准换文资。[16] 庆历时也规定过边事入班行者不准换文资，不过那时的条例是出身文资之家才有资格换官，而这时只需三代曾任文资和现时有叔伯兄弟在任已有资格，所以要重新澄清，义勇保甲和呈试武艺人不适用这项条例。

表五 熙宁五年（1072）礼房所修改之换官法

文	武
秘书监 大卿监 秘书少监 太常光禄少卿 卫尉以下少卿	防御使 团练使 刺史 （以上为防、团、刺史）
前行郎中 中行郎中 后行郎中 前行员外郎 中行员外郎 后行员外郎	皇城使遥郡刺史 宫苑使遥郡刺史 内藏库使遥郡刺史 庄宅使遥郡刺史 洛苑使遥郡刺史 西作坊使遥郡刺史 供备库使遥郡刺史（以上为诸司使）
以上如是带职正郎、员外郎、带职郎、员外郎	阁门使（横行使） 遥郡刺史
太常博士 国子博士	内藏库副使 左藏库副使
以上如带职	阁门副使（横行副使）
太常丞 秘书丞 殿中丞 著作郎 太子中允 赞善大夫 太子中盒（舍）	庄宅副使 六宅副使 文思副使 礼宾副使 供备库副使（以上除阁门副使外皆为诸司副使）

续表

文	武
秘书郎　著作佐郎	内殿承制
大理寺丞	内殿崇班
诸寺监丞　节（度）（观）察判官	东头供奉官
大理评事　支使掌书记	西头供奉官
太祝　奉礼　正字　秘校　监簿	左侍禁
两使职官　防团判官　令录	右侍禁
初等职官　知令录	左班殿直
初等职官　知令录（未及三考）	右班殿直
判司主簿、尉成三考以上	三班奉职
未及三考及试衔斋郎	三班借职
以上内如带职	升一资
（起居郎、起居舍人、左右司谏、正言、侍御史、殿中侍御史、监察御史已上，各此类官依带职人例）	

　　注：据《宋会要辑稿·职官》六一，页 3760 下—3761 上。此条例主要以文臣换武官的等级为主，但"其右职换文资，并依此"，则武臣换文资的等级也是一样，但自三班奉职以下还有好几级，故另加以规定，"内奉职以下并换堂除主簿、尉、三班差使、殿侍换郊社斋郎，从之"。

　　到了元祐元年（1086），诏罢内殿承制至差使换官法。[17] 这或许被视为熙宁新法的一部分，所以被废除。反之，元符元年（1098），便下诏重修元丰换官法，关于元丰的换官法，据徽宗时王审言的描述，是"随诠选岁以两试，止试律义"，[18] 似

乎比熙宁之法较宽；至于元符之法，王审言认为"比之元丰旧
法不严"，因此提以将熙宁、元丰之例酌中重拟。于是崇宁二年
（1103）这一次重订的规例便明令内殿崇班差使如愿换文资，要
没有犯赃罪及笞刑的记录，并且有两个官员担保，具备家状两
本，到登闻鼓院申报，但义勇、保甲、呈试武艺人及流外出身
人仍被摒绝。考试的方法是在《易》《诗》《书》《周礼》《礼记》
中专一经，第一场考试经义三道，《论语》或《孟子》义一道；
第二场试论一首。如果愿意考法律的，便要试断案和考刑统大
义。[19] 这次的新例以考试的方法最为详备，反之不见有规定家
世的条件，两本家状是送往登闻鼓院的，不用实时书写，大概
由于另有考试，用不着凭写家状来考核其书写能力了。

　　总括而言，武臣换文资的规例终于变成了一个考试。低级
的武臣通过了考试，便可以进入文资。对于出身行伍的武人而
言，要通过考试，必须较有学养才做得到。在仁宗朝的一段时
间内，换官法几乎是为文资子弟而设，可能是鉴于武臣子弟要
转文资的大不乏人，才要立例管制，最后变成了考试制度。

　　由此再看种家的情况，不论是三代文资之家，或者用叔伯
兄弟现任文官的标准去看，种谔和种师道都是符合的，这也可
以说明他们为什么能在这文武两途中转来转去，因为他们连家
世一项最严苛的管制也可以通过，事实上他们的家世关系就使
他们成为那些被条例所优待的人。考试对他们来说可能也不困
难，种师道正是试法律而换文资的。因此，北宋种氏将门的后
代，具有转化为文资的资格，不过他们往往因为家世为将有声，
由别人的推荐，才又回到武臣的身份。

注　释

[1]《宋会要辑稿·职官》六一，页 3756 下。

[2]《宋会要辑稿·职官》六一，页 3757 下—3758 上，天圣四年十一月诏三班使臣转文资之例。

[3]《宋会要辑稿·职官》六一，页 3758 上。

[4]《宋会要辑稿·职官》六一，页 3758 上。

[5]《宋会要辑稿·职官》六一，页 3758 上至下。

[6] 以上均见《宋会要辑稿·职官》六一，页 3758 上、下。

[7]《宋会要辑稿·职官》六一，页 3758 下。

[8]《宋会要辑稿·职官》六一，页 3759 上。

[9]《宋会要辑稿·职官》六一，页 3759 上。

[10]《宋会要辑稿·职官》六一，页 3759 上。

[11]《宋会要辑稿·职官》六一，页 3759 下。

[12] 见表五，判司主簿、尉成三考以上换三班奉职，未及三考及试衔斋郎换三班借职；而武臣换文资，则奉职以下（包括借职）换主簿、尉，三班差使及殿侍换郊社斋郎。

[13] 殿侍一级无变动，三班借职原可换小处判官簿尉，现换主簿、尉；三班奉职原可换簿尉，现同上。

[14]《宋会要辑稿》职官六一，页 3761 上。

[15]《宋会要辑稿》职官六一，页 3761 上。

[16]《宋会要辑稿》职官六一，页 3761 下。

[17]《宋会要辑稿》职官六一，页 3761 下。

[18]《宋会要辑稿》职官六一，页 3762 上。

[19]《宋会要辑稿》职官六一，页 3762 下。

附录三　种谔的四次战役

神宗治平四年（1067），"未及改元，种谔先取绥州"，[1]重新掀起宋夏的战端；熙宁三年（1070）韩绛宣抚陕西，用种谔之谋，筑城啰兀，令"诸将听谔节制"；[2]元丰（1078—1085）西讨，种谔力主出兵；筑城永乐，又是种谔和沈括发其端。这四次战役都是神宗对西夏作战的重要战役，多以失败告终，种谔遂被视为擅兴生事，批评者亦大不乏人。种谔在四次战役中的表现到底如何，为本附录所欲探究。

（一）关于种谔取绥州的问题

魏泰《东轩笔录》说："延州当西戎三路之冲，西北金明寨，正北黑水寨，东北怀宁寨，而怀宁直横山，最为控要。日顷薛向、种谔取绥州，建为绥德城，据无定河，连野鸡谷，将谋复横山。"[3]谋复绥州的主张，范仲淹早已提出过，而种世衡筑青涧城，也说"北可图银夏"，[4]可见不是种谔的创见。

取绥州的行动发生在治平四年，当时神宗已即位，但尚未改元。由于《长编》的散佚，有关记载不可得而见，南宋杨仲良《长编本末》遂成重要史料来源。据此书记载，朝廷对于绥州之役，并非完全不知。"治平四年六月，陕西转运使薛向言：

'知青涧城种谔招西人朱令陵，最为横山得力酋长，已给田十顷，宅一区，乞除一班行使，夸示诸羌，诱降横山之众。'诏增给田五顷。"[5] 则种谔早已显出其招纳横山之众的计划，并已付诸实行，神宗诏增给田五顷，无疑正是鼓励之意。继而神宗召对薛向，"会边臣多言横山族帐可招纳者。是日辛未，召见入对，密赐金五十两，及辞去，又赐金，凡向所陈计策，上皆令勿语两府，自以手诏指挥"。[6] 则神宗本人欲用薛向，自以手诏指挥，遂在二府、边帅之外另行指挥。"枢密使文彦博等皆执不可，宰相曾公亮独赞之。……己亥，司马光上疏：'窃闻边臣部轻泥坏侧，欲以横山之众攻谅祚，归命朝廷，许令招纳，进谋者但言其利，不言其害。'"[7] 可见此事文彦博、司马光等并非不知。"先是，薛向、种谔言蕃部嵬名山有归附意，及高遵裕还自夏州，又言若纳嵬名山，则横山之民皆可招来。"[8] 然则招降嵬名山在当时并非一个秘密。

同时，种谔在六月已作一具体奏报："谅祚累年用兵，人心离贰，尝欲发横山族帐尽过兴州，族帐皆怀土重迁，以故首领嵬名山者结绥、银人数万，共谋归顺。"[9] 而当时"既已具奏，且申经略司陆诜报谔，先诘嵬名山，自能捍御，夏虏则受之；若欲入居塞内，则勿受也。谔言当令于绥、银住坐"。[10] 另一方面，二府关于战守大事，仍未得出一致态度，"是月，中书、枢密院议边事多不合。赵明与西人战，中书赏功而密院降约束；郭逵修堡塞，密院方诘之而中书已下褒诏。御史中丞滕甫言：'战守大事也，安危所寄。今中书欲战密院欲守，何以令天下？'"[11]

在中书、枢密为和战争持不下之际，神宗已在七月，"诏下谔奏付诜，乃诏薛向至延州召谔赴经略司，审实密议措置以闻。

谔等共画三策，使名山直取谅祚；不能取则守其地以拒之；最下乃退系两界不折地，遣张穆之入奏"。[12] 神宗直接指挥薛向，薛向则取谋于种谔，都不是正式的关系，于是要让他们和延帅陆诜商议，陆诜是主帅，责无旁贷，共画三策，虽接受了招纳计划，但"诜意朝廷必不从也"。[13]

然而薛向透过张穆之盛言招纳之利，"寻有诏从诜等所画策，谔遂遣谍者与嵬名山约日会绥银，不复告诜，诜累戒谔毋深入，应抵时谔已先诺嵬名山，度诜必不许发兵，丙辰，悉以所部兵与折继世先发。戊午，会于怀宁寨，庚申，入绥州，遂兴版筑"。[14] 陆诜本不赞成，但不敢公然反对，态度暧昧不明，种谔遂置他于不顾。故《涑水记闻》说："种谔之谋取绥州，两府皆不知之。"[15] 据上文论述，可见取绥州之谋，两府并非不知，只是不知种谔已采取行动，他出兵又没有知会帅臣陆诜，"言者交论谔擅兴生事，下吏，贬秩四等"。[16] 然而无论如何，种谔所为符合神宗的意旨，"会侯可以言水利入见，神宗问其事，对曰：'种谔奉密旨取绥州而获罪，后何以使人？'帝亦悔"。[17]

朝廷中知道此事后，文彦博主张将绥州归还夏人，认为无名之师不可动，朝廷以韩琦判永兴军，郭逵判延州，但夏人在这时诱杀了知保安军杨定，"琦即奏：'贼今若此，绥州不可弃也。'"主张让嵬名山、折继世等因地而守，惟令不给粮草，又不加以救应；郭逵认为不可，请加以戍守，刺降人，得战兵二千。朝廷亦改绥州为绥德城。[18]

或许正由于朝廷对种谔这次行动不甚了解，有关此后的记载亦略有歧异。《长编本末》记载："嵬名山本熟户，自幼被虏，为银、夏、绥州军司，有小帅三千余人。牙头吏史屈子者，狡狺，为众贷谅祚息钱，不能偿。时大饥，谅祚数点兵，屈子乃说诸小帅，密谋内附，假托名山，谔即奏之，募熟户韩轻持蜡弹与名山，以诱纳之。轻独与屈子语，名山实不知也。及轻报谔，如期发兵，折继世卒会直抵名山帐。名山惊起，屈子及小帅胁之曰：'宋兵十万矣！'名山遂降。"[19]《东都事略》种谔传与此略同，[20]《长编拾补》亦略同。[21]《涑水记闻》则根据郭逵的口述，说："其弟夷山先降为熟户，青涧城使种谔使人因夷山以诱名山，赂以金盂，名山小吏李文喜受其赂，许以来降，名山不知也。"[22]不提屈子及韩轻，以嵬名山之弟夷山及小吏李文喜为接洽投降的人物。"既而谔大发兵奄至围其帐，名山惊，援枪欲斗，夷山呼之曰：'兄已约降，何为如是？'其姊识其声，曰：'汝为谁？'曰：'夷山也！'姊曰：'何以为验？'夷山示之手，无一指是也。姊曰：'名山，我何尝约降？'夷山曰：'兄已受种使君金盂。'名山曰：'金盂何在？'文喜方以示之。名山投枪而哭。"[23]下注明"郭帅云"，郭逵本就是事件中的人物；《长编本末》虽本于《长编》，但不知李焘何以不取司马光之说。对于这个歧异，《长编拾补》则取于《长编本末》及《东都事略》，见卷二，页17；《宋史》种谔附传略同《涑水记闻》。毕沅《续资治通鉴》卷六五，页1609记载此事，与《宋史》种谔附传同，次页有"考异"注文，引《东都事略》原文，然后说："按此文与宋史种谔传小异，而宋史较为详确，今从之。"只将《宋史》《东都事略》两书比较，未追究其史料来源，又不提《涑水记闻》和《长编本末》，骤从《宋史》，不足为据。《长编本末》既本于《长编》，李焘本颇采用《涑水记闻》，但此事则不然，可能另有原因。可惜《长编》此卷已散佚，不能见李焘如何判定。

当然，两种记载本身并非有太大出入，除嵬名山之弟夷山及以金盂为信之外，都以嵬名山为事先不知此事，为小吏所愚，被迫投降，这是其一致之处；不过记载的出入，亦反映出宋人对种谔取绥州一事并不十分清楚。

（二）啰兀之役与神宗对种谔的看法

绥州之役，以神宗本人的态度和二府不能取得协调，一度发生混乱，种谔在这个局面中遂擅自行动，无视于帅臣陆诜的反对。到熙宁三年（1070），韩绛宣抚陕西，"用种谔谋欲取横山"。[24] 韩绛是宣抚使，又起用种谔，似乎没有上次的弊端了。但韩绛地位既高，在陕西另作七军的布置，与原来路级的指挥系统也不配合。

在当年的九月"乙未，工部侍郎、参知政事韩绛为陕西路宣抚使。……先是绛奏，以夏人寇庆州，陕西用兵，请出使。王安石曰：'臣于边事未尝更历，宜往。'上亦欲用安石。……绛以为朝廷方赖安石，不宜往。……上卒遣绛，仍赐诏'如有机事，不可待奏报，听便宜施行。'"[25] 他既有便宜行事的权力，便非一般帅臣可比，延帅郭逵与他意见不合，便要离开本路，"绛与逵议出兵，逵力言其不可，……绛怒，奏逵沮军事"。[26] 他又分蕃汉兵为七军，各置一将，并说："用兵之始，诸帅尚循故态，则必致误事，乞惟听宣抚司统制，则事归一体矣。"[27]

韩绛起用种谔，"谔遂与绛议，由绥德城进兵取娄城（啰兀），建六寨以通麟、府，包地数百里，则鄜延、河东有辅车之势，足以制贼。上是其议"。[28] 以上出自《长编》的一条记载已明白地说出韩绛的计划得自种谔，而为神宗所赞同。延帅郭逵虽反对，但即使他是种谔的上级，最后还要离开鄜延。

种谔主张进城啰兀，目的是打通绥德和麟、府地区的通路，"则鄜延、河东有辅车之势，足以制贼"；种世衡在筑青涧城时已说此城"北可图银、夏"，[29] 种谔自青涧城出兵取得绥州后，更欲北通麟、府，又比其父的设想更进一步。如果鄜延与鄜、府相接，对北宋之边防不啻为有意义之举。

据《东都事略·韩绛传》，他的作战计划是分为鄜延、环庆两路，"用种谔谋欲取横山，使将兵城啰兀，雪中筑抚宁堡，然绛驻延州，命诸将需听谔节制。又命蕃官王文谅自庆州出讨，环庆路听文谅节制"。[30] 王文谅方面似乎是用来牵制西夏的。

这一役不论在计划本身和实际的执行上都发生乖谬之处。据《长编》所记，种谔本拟于银州与河东兵会师，但会师日期根本不合理；[31] 更严重的是庆州发生兵变，[32] 虽然对种谔一军影响不大，但宋兵急于平乱，自不能威胁西夏；而西夏则以抚宁堡为首要目标，此堡的失陷，使啰兀与后方的绥德城通路受阻，不得已而告放弃。[33] 另一方面筑啰兀城本意在通路麟、府，但河东兵仍不采用神堂方面的新路，还是绕途永和关，理由是恐怕中伏。[34] 于是作战当中，枝节频生，只有种谔亲自率领的一军为较顺利。"知横山有积粟，…… 往反三十五日，所将步骑二万，食官米二斗二升，刍六束，余悉因粮于敌。"[35] 他在啰兀击败西夏军，据报"大小四战，斩首一千二百，降口一千四百"。[36] 筑城工程共二十九日，分兵一千五百人守城，然后他便回师绥德。[37] 这个过程本身似乎顺利，但在西夏击破抚宁堡，河东兵赴援又难时，啰兀便变成孤城。

反对者认为啰兀距离太远，难以久守，据枢密院说啰兀城距定远县一百七十里，且在生界，运粮困难，神堂方面的援兵又曾受伏击；[38]派去视察地势的张景宪说啰兀"距绥德百余里，邈然孤城，凿井无水，无可守之理"；[39]郭逵更认为"昔夏人取灵武，先击清远；然后灵州失守。今抚宁地平而城小，戍兵不多，万一用前策，则必先取抚宁，抚宁破，娄城（啰兀）随之矣"。[40]似乎有先见之明。

种谔可能没有料到这种种不利因素的出现，不过无论如何，他并没有战败于兴兵之际，庆州兵变更与他无关。《宋史》西夏传说他在知道西夏进攻抚宁时，"欲作书召燕达，战怖不能下笔，涕泗不已……于是新筑诸寨皆陷"。[41]侯林柏则认为是中伤种谔之语。[42]不过即以王安石而言，对种谔的评价亦可圈可点，"又论种谔曰：'是所谓事成而卿，不成而烹者也。'"认为不可全靠他；神宗则认为"用谔如马隆则无伤"。[43]结果种谔虽得到韩绛为他辩护，仍责授汝州团练副使，潭州安置。[44]韩绛亦落职知许州。[45]

此役虽然无功，但神宗并没有否定行动的价值，说"绥麟通路，理在可为，但种谔仓卒，故不能终其事尔"；他"又论谔，以为与李复圭同罪，安石曰：'复圭罪薄，而事之兴自绥德始，亦谔之罪也。'"[46]然而神宗的看法还是认为"娄城（啰兀）非不当营，但举事仓卒为非"。[47]然则种谔进城啰兀的主张实合符神宗的意愿，不过结果失败，神宗遂委过于他，说他"举事仓卒"，其实神宗还是赞成他的主张的。他之用西晋马隆的典故来形容种谔，似乎意味着将来还会有机会起用他的。

（三）元丰西讨之役的发动与种谔的表现

元丰四年（1081）四月，由于西夏国主秉常被弑的流言，神宗下令调查此事。种谔在此前上奏，认为西夏正是"遽有此上下叛乱之变，诚天亡之时也，宜乘此时大兴王师以问其罪"，[48] 这时他已任权鄜延路马步军副都总管。[49] 神宗于是卜诏泾原路调查真相，[50] 种谔似乎又一次挑起战端。

种谔的主张是利用时机立即出兵，"止裹十数日之粮，卷甲以趋，乘其君长未定，仓猝之间，大兵直捣兴庆，覆其巢穴，则河南、河北，可以传檄而定"。[51] 这一奏上在四月壬申日之前，[52] 到丙子日，他又上言："兵尚神速，机不可复"，认为"不必远调兵赋，止发本路九将兵，裹粮出塞，直趋巢穴，兵尚神速，彼未及知而师已及境矣"。[53] 他原来曾要求除鄜延九将兵之外"量益正兵"，[54] 但这时更说不必再调兵，只要让他出塞，可谓急不可待。"上批：'朝廷见遣王中正往体量确的情伪，又虑兵机一失，悔不可及，宜先令沈括、种谔密议点集兵马，……仍未得便举事，先密具画一以闻。'"[55] 这时已和啰兀之役时地位不同了，他是本路的副帅，而代表神宗前来的则是王中正。《宋史》记载他"遂入对，大言曰：'夏国无人，秉常孺子，臣往提其臂以来耳。'帝壮之，决意西讨，以为经略安抚副使，诸将悉听节制。谔即次境上，帝以谔先期轻出，使听令于王中正"。[56]《长编》亦记："又诏王中正措置麟府兵马、兼管鄜延、环庆、泾原三路军马，仍下逐路入界总兵官与王中正从长议定方得进兵。"八月，中书枢密议定，"乃诏兵马出界后并听中正节制"。[57] 庚辰日，"王中正、种谔奏：'泾原、环庆会兵取灵州渡，讨定兴州；麟府、鄜延先会夏州，候兵合齐，进攻怀州渡，讨定兴州，乞下泾原、环庆遵守。'从之"。[58]种谔便由发动战役到成为具体执行的主事者，不过却要受王中正的节制。

九月，陕西五路大军并出，麟府路王中正、鄜延路种谔、环庆路高遵裕、泾原路刘昌祚加上熙河路李宪，五人中王中正、李宪是宦者，高遵裕是外戚，只有种谔和刘昌祚并非贵近而已。当时李宪已取得兰州。[59]

《长编》所载种谔的进兵日程，由九月二十二日乙巳开始，王中正发麟州，种谔出绥德城，高遵裕出庆州。[60]王中正行了一日，到白草坪，便停了九天不进，到十月二日乙卯，才由白草坪进至鹅枝谷。而种谔出塞后两日，即九月二十四日，包围西夏的米脂寨。[61]攻势连续三日，不下。二十八日，即进攻的第四日，西夏军来救米脂，被种谔击破，是为无定河之战。[62]于是到十月四日，米脂寨便降于种谔。[63]他自出师至此共十三日，但在米脂之战用去了十一日，其实只走了两日的路程。

"种谔破米脂援军捷书至，上喜动颜色，群臣称贺。遣中使谕谔曰：'昨以卿急于灭贼，恐或妄进，为一方忧，故俾听王中正节制。今乃能首挫贼锋，功先诸路，朕甚嘉之。中正节制指挥，更不施行。'"[64]凭着战胜，他才不用再受王中正的节制。

此后，据丙子日到的奏报，他在癸亥日，即十月十日得石州，十月十五日戊辰入夏州，己巳日即次日入银州。[65]其后他的奏报又说自己在十月十七日已离开夏州，同日王中正也来到夏州，种谔没有等他。[66]这时距离出师之期已二十六日，他用了十三天时间连取三州，不过似乎没有发生战斗。[67]

王中正在出军前对粮草预算不足，"以为鄜延受我节制，……则彼粮皆我有也，……及种谔既得诏，不受中正节制，委中正去，鄜延粮不可复得，人马渐乏食，……丙子，至牛心亭，食尽。……遂引兵趋保安军顺宁寨。己卯，王中正军于归娘岭下，不敢入寨"。[68] 种谔亦告军粮不继，《长编》记载："种谔初被诏，当以兵会灵州，而谔枉道不进，既发夏州，即馈饷乏绝。谔驻兵麻家平，士卒饥困，皆尢人色。谔欲归罪漕臣，诛（李）稷以自解。或私告稷，稷请身督漕运，乃免。民夫苦折运，多散走，稷不能禁。"[69] 种谔等不到粮食，"逾期不至，士卒益饥困，行八日，次盐州。会大雪，死者十二三，左班殿直刘归仁率众南奔，相继而溃，入塞者三万人，尘埃四起"。[70] 种谔一军遂无敌自破，沈括出而弹压，斩刘归仁，安抚士卒。[71] 神宗亦诏种谔"速引军并塞，于便处权安泊，候士气稍宽，粮馈有备"。[72]

后来种谔受劾奏，神宗有诏："'昨种谔等出界，自东路绥德城，二十二日方至白池，而归师八日已入塞门。不因王中正、种谔初议进兵，何因舍直就迂，会兵夏州，虚占月日，劳顿士马，横费刍粮，不能成功，仰具析以闻。'从徐禧等改奏也。"[73] 而徐禧则与种谔争永乐城事，《长编》认为"其实禧等不欲谔分其功也"，[74] 故加以中伤。种谔对此的解释为"横山之劲兵在东。先时已闻贼据米脂及银、夏等处，故我迎其锋败之。军声既振，千里之行无敢抗者。若由西路取近，虽近巢穴，大敌出于前，重兵摄于后，则有背腹之忧矣。不知何以御此？"[75] 这个解释固然合理，但先前的主张却与此不同，"止发本路九将兵裹粮出塞，直捣巢穴"，又何以解释？当然，四月时他以为秉常已死，故主张奇袭，但下距出师的八月底，已有数月之久，作战计划容有修改，不能以自相矛盾斥之。

王中正也与种谔一起受劾，不过他没有像种谔那样自圆其说。"诏王中正罢入内副都知并皇城司为昭宣使、金州观察使、提举西太一宫，仍放谢辞任便居住。徐禧奏中正行军避直就迂，诏中正分析，而中正亦自言目病，乞罢内职，故有是命。"[76]

种谔的军队虽然溃散，但他在饥馑之余，仍然继续奏上战功。他在十一月二日已开始乏粮，驻军麻家平。九日，"种谔言……'有投降蕃部牛儿指引桃堆平粟窖，称是国官窖，密密相排，……又言第三将杨进等降横河平人户及破石堡城，斩首自首领以下百六十八级，降生口大首领叶示归埋以下千六百七十六，马六十六，牛羊四千余。'"[77] 丁未日，在军溃后，"种谔言：'米脂川败西贼有功人，总兵官、走马承受各一员；机宜官七员，军主簿等十人，获级诸军汉蕃弓箭手等四千余人。'"[78] 显得好像打了胜仗。

神宗在战后下诏给李宪和种谔，提及"密定置戍之所，计度版筑之具，以俟春暖兴"，[79] "宜令种谔部领还本路，赡养士气，缮治器甲，葺补衣装，俟稍近春暖再出讨"。[80] 未几，李宪亦提议再举，[81] 似乎神宗并未承认失败。

《邵氏闻见录》记灵武之役的原起，说事起于蔡确和王珪，"时珪独相久，神宗厌薄之，……确曰：'上厌公矣！'珪曰：'奈何？'确曰：'上久欲收灵武，患无任责者。公能任责，则相位可保也。'珪喜谢之。……珪以漏上语，退朝甚忧，召俞充问之，充对以实。珪曰：'某与君俱得罪矣。然有一策，当除君帅环庆，亟上取灵武之章，上喜之可免。'乃除充待制，帅环庆，充果建取灵武之章。未几，充暴卒，以高遵裕代之。……推其兵端由

王珪避漏泄上语之罪所致"。[82] 此说固不足深信，但亦透露出
神宗要经营边事，"患无任其责者"的情况。《长编》卷三一三，
页3载有俞充建议取灵武的奏章，"充知上有用兵意，屡请讨伐
西夏"，页4载神宗诏"充所陈边事，如不可形于文字，令走
马承受或机宜官入奏，充未及奏，是日暴卒于州"。其下注云：
"熙宁中，充以推行新法，淤田征利，锐于进取，自小官不数年
擢至侍从，一岁或五六迁。"俞充死后，同页即见丙寅日，"诏
李宪赴熙河路经制司管勾职事。先是宪久留阙下，将用兵西边，
故遣还"。可见神宗要派人去陕西执行他的意旨，即使不是种
谔，也是另有人在的。

（四）种谔与永乐城之战

元丰五年（1082）五月二十六日，约在灵州之役的半年之
后，沈括和种谔又上进城横山之议。这个建议之得到实施，便
发生了永乐城之战。

他们的奏议中一开始便肯定时机已到来，说："今者泾原方
议进讨，贼未必敢舍巢穴而固山界，本路正当可为之时。"[83] 继
而进一步说明横山之重要性。

"若彼众度幕入寇则彼先困，我度幕往攻则我先困；然而西
戎常能为边患者，以幕南有山界之粟可食，有山界之民可使，
有山界之水草险固可守，……所以兴灵之民常宴然高枕，而我
沿边城寨未尝解严者，地利使然也。"[84] 首先力言山界得失之
重要，尤其强调其对于守势的重要性。"彼若赢粮疲师，绝幕而
南，而顿兵沙迹，仰攻山界之坚城，此自可以开关延敌，以逸

待劳，去则追击，来则惜力，治内之势在我，而委敌以空野坚城之不利。"[85] 可注意的是，他们仍以"惜力""治内"为言，首先在原则上和弭兵论不相冲突，至于实际利益，则放在逐后才提出。得到山界之后，"所出之粟，可养精兵数万；得虏之牧地，可以蕃息战马，盐池可以来四方之商旅，铁冶可以益兵器，置钱监，以省山南之漕运"。[86] 他们又主张临河南之民聚食于河外，绝和市、罢岁赐，"赂契丹、结董毡，乃所以交困之也。"[87]

以上的主张好像已能制服西夏，但他们两人所指则并不仅限于此，以下接着说："山界既城，则下瞰灵武，不过数程，……待其弛备，发洮河之舟以塞大河，下横山之卒捣其不意，此一举可覆也。兼梁氏与萌讹首为悖乱，……急之则拼力，缓之则自相图，此曹操之所以破袁绍也。"[88] 这里又一次的提出战略奇袭和乱而取之的主张。进城横山和战略奇袭虽然不是种谔独有的主张，但即从这个奏议的内容看来，虽然与沈括联名，但与取绥州、筑啰兀的用意仿属相通。[89] 不过这一次的提议，远比种谔以往的主张有系统和有说服力，分析也很入微。至于他们所强调守势方面的益处，固不能骤视为空谈，但也有可能是出于世故而加以文饰。沈括是文人，种谔亦已属受弹劾，和别人抵触不大的计划较容易得到接纳。

他们初时首选筑城的地点并不是后来的永乐城，而是古乌延城，据他们的描述，该地"东望夏州八十里，西望宥州不过四十里，下瞰平夏，最为要冲，土地膏腴，依山为城，形势险固"。[90] 他们甚至预为设计将来的图景，说这"他日当为一都会"，又主张将新边划为三路，分别隶属绥德、宥州和保安军，将鄜延九将之兵扩展为十三将，沿边分驻八将，第二线的金明、青涧和延州各驻一将，后方的鄜州和河中府亦各驻一将。到那时，青白盐池已经入了版图，一向成为严重问题的青白盐之禁也可以解除，收得的盐课正可以用来籴办沿边粮草。这又是一个附加的益处。[91]

最后，他们要求"乞朝廷应副钱万缗，厢牟万五千人，工匹千人，递马百匹，乞于近里州军应副生熟铁五万觔，牛马皮万张，车二十乘，本司及转运司备义勇保军万人应副，以代禁军有事役者"。[92]此外，又一再次力言"若迟留月日，即恐西贼有谋，费力平荡"[93]，以催促朝廷。

于是神宗便派了给事中徐禧和内侍省押班李舜举前往鄜延路"可深讲经久，所以保据利害以闻"。[94]另一方面，种谔前后上十一章，神宗便召他入对。种谔这次讨论得横山之利，说："横山亘衺，千里沃壤，人物劲悍善战，多马，且有盐铁之利。"[95]又一次提出"其势居高俯视兴灵，可以直覆巢穴"的主张，[96]与五月二十六日的一奏相近。不过在具体的主张方面，似乎有所变更，说："当自银州始，其次迁宿（宥）州于乌延，[97]又其次修夏州，三郡鼎峙，则横山之地已囊括其中，又修盐州以尽两地之利。……又其次，修兰会以尽横山之地。"[98]将原来先修乌延城改为先修银州，其次才是乌延。

然而在种谔的主张微有变更时，徐禧等人已到了延州，沈括这时也变了主张，附和徐禧。徐禧认为："银州故城不便，移置于东南十余里间永乐埭上。又议自永乐西移居延，为大小十二城以据山界，多与谔始谋异。"[99]除此之外，徐禧又劾奏种谔西讨时舍直就迂，不去直捣兴庆，后来种谔虽然加以解释，还是从凤州团练使降为文州刺史，黜了一官。[100]《长编》说：
"其实禧等不欲谔分其功也。"[101]

　　种谔回延州后，"禧素恶种谔，既定议而谔还自京师，极言城永乐非计，禧怒，变色谓谔曰：'君独不畏死乎？敢毁成事？'谔曰：'城之必败，则死；拒节制亦死，死于此，犹愈于丧国师而沦异域也。'禧度不可屈，奏谔跋扈异议，不可与偕行，有诏留谔守延州"。[102]《长编》这段记载出于张舜民《永乐客话》，张氏就是后来替种谊写墓志的人。[103]种谔这时的处境与啰兀之役时的郭逵可作一对照。他认为"城之必败"，到底有何根据？种谔提议的银州与永乐埭相距只有十余里，若说夏人必来力争，则银州亦未必可免一战。后来永乐城因缺水而引起防守困难，但他以前所筑的啰兀城，据张景宪的报告，也是没有水的，[104]永乐城中有三个井，城外又有水源，虽然后来失守，[105]但种谔凭什么知道永乐城不可守？以有限知识推断，似仍以争功为主要原因。

　　据《长编》记载，徐禧、李舜举和沈括发延州蕃汉军八万，[106]"役夫荷粮者倍之"，将官有李浦、吕真、曲珍、高永能、王湛和景思谊，转运使李稷（谡）主持粮运和筑城，"而谋画进止，禧实专决，括与同而已"。[107]沈括这时的帅府似乎也移到米脂寨。[108]到九月己酉，朝廷已知永乐城完工，但不知西夏大军已包围了新城。[109]工程完毕后，徐禧、李舜举和沈括本已回到米脂，后来得悉夏人来争城，徐禧和李舜举便再回到永乐城，这本非他的职责，[110]反而初议进筑的沈括和种谔，一个在米脂，一个在延州，都置身于战场之外了。据《涑水记闻》所载，西夏这次来的大军近二十万人，十丁取九，本用来对付泾原方面的宋兵，结果却因鄜延路筑永乐城而调了过来。[111]

《涑水记闻》《长编》诸书所见的徐禧，态度非常轻狂，大言一步可取三级，又谬以奇兵为军锋，又规定军中不以斩级论功，不从高永能、高永亨和曲珍等武将的主张，自取其败。[112]《东都事略》沈括传说此役"兵万二千三百人皆没焉"，[113]《涑水记闻》则记载永乐当时有步兵三万，骑兵八千。[114]曲珍城外一战，大溃而归，"收散亡得万五千人，骑兵皆弃马，缘崖而上"，[115]则城陷前应仍有万人左右。戊戌日，"是夜大雨，敌兵四面急攻，士卒饥疲不复能拒，夜半，城遂陷。禧及舜举俱死，稷为乱兵所杀。……士卒得免者什无一二"。[116]

当永乐城被围的时候，神宗前后诏泾原、秦凤、河东、各路发兵来争城，[117]而正在米脂的沈括则退保绥德，平定了一次羌酋里应外合的叛变。[118]种谔在延州，自称只有"病羸怯懦兵四千，竭死力守护延州"，李焘在下文接续说："谔初议进城横山，本意身任统帅，成大功在己，而为徐禧、沈括所外，及永乐被围，谔据城观望，故托名守延，不即往救。"[119]换言之，种谔不救永乐，出于私心。不过他虽然和徐禧有私憾，但他之不救永乐，从当时的情势来看并非错误。徐禧有兵三万多人，被困于永乐，沈括有兵一万，"不足以战，方命济师于延州"，但知道绥德属羌有作乱之心，也退保绥德去了，[120]种谔那四千人实在很难有什么作为。神宗下诏"速发河外屯守汉蕃兵须二万以上"，[121]去救永乐，又诏"李宪留兵二万于泾原，余并统领赴鄜延接应"，[122]李宪的军队据《涑水记闻》所载，有数万之多。[123]无论如何，种谔当时只拥有少量军马，又要留下守延州的人马，能带去救永乐的人就更少。当然，以少可以胜多，以弱可以胜强，但若用来批评种谔，未免过责。他自称只有四千人，如果报少了来蒙骗朝廷，比赴救永乐更为危险，可谓以身试法，反之"竭死力守护延州"的话则可视为夸大。徐禧既排挤种谔，不见得会将精兵留下给他，在永乐城战死的高永能，就是种谔部下累立战功的将官，也就是让徐禧带去了的。[124] 神宗又一再下诏给沈括，"无得辄救永乐，以待援兵之集"，[125] "小小援兵，毋得辄遣"；[126] 另外又诏熙河路领兵的大将苗授："万一贼马奔冲，既不可野战，兼帅臣在外，根本空虚，宜速分定在屯军马屯驻熙州、通远军。"[127] 是以神宗也不以仓促遣兵为然，若批评种谔不救徐禧而致败，就更属过责之辞。

永乐覆师后，沈括去位，种谔竟代领延州，[128] 则他不但未落职，反代沈括为延帅，败非其咎，就更为明显了。

神宗对西夏用兵，是北宋边防策略的一大转变，神宗用来贯彻他意愿的人常常没有恰当的名分。取绥州之役，以转运使薛向，知青涧城种谔与帅臣陆诜合议。陆诜为路帅，则为种谔的上司，他不赞成此举，但指挥体制中又不能没有帅，他的态度也显现出暧昧不明。种谔遂得以置他于不顾。啰兀之役，韩绛是宣抚使，名分稍正了，但同样破坏原有的指挥体制，调走延帅郭逵，委种谔节制东路，蕃官王文谅节制环庆方面。这两人既非路帅，却得以指挥诸将，又另立七军的编制，重新将马匹调配，牵动甚大。然而他们徒劳无功，便又受到贬斥。

到元丰西讨，种谔一方面极力主战，但他已是副帅，成为指挥体制中的首脑之一；而神宗派来的宦者王中正，节制麟府、鄜延，种谔遂谋求摆脱他的节制。两军不协的局面自易产生。后来种谔与沈括同上横山之议，神宗却派来徐禧，种谔又一次受到压抑。他本是在神宗破坏陕西指挥体制中崛起的，神宗本来也接纳他的主张，但后来他成为体制中的首长，虽然计划得到支持，但实际权力受到限制。这就是种谔在四次战役中表现的特殊之处，他之屡受抨击，或可从此得到解释：他既不为维护体制的人所容，而神宗又不容他失败；到他进入指挥体制的高层，神宗又派别人来节制他，他自易产生怨怼之情，予人以逾份、狂妄的印象。

注　释

[1]《文献通考》卷三一五，舆地一，页2471中。

[2]《长编》卷二一八，页13："于是绛驻延州，命谔往城娄城（啰
兀），听以便宜招纳讨击，领兵二万出无定州（川），四路经略司
皆毋得干预，诸将听谔节制。"

[3]《东轩笔录》卷五，页54。

[4]《长编》卷一三四，页13，庆历元年（1041）十一月范仲淹奏：
"又延安南安去故绥州四十里，在银、夏川口，今延州兵马东渡黄
河，北入岚石口，却西渡黄河倒来麟府策应，盖以故绥州一带贼
界阻断经过道路，如此攻下一处城寨，平定，更图一处，为据守
之策。"可见范仲淹已欲取绥州，企图通路往麟、府，后来种谔取
得绥州，再营啰兀，与范仲淹的见解相符。种世衡筑青涧城事，
又见于《宋史》卷三三五《种世衡传》，页10742。

[5]《长编本末》卷八三"种谔城绥州"，页2627。

[6]《长编本末》卷八三"种谔城绥州"，页2628—2629。

[7]《长编本末》卷八三"种谔城绥州"，页2629。

[8]《长编本末》卷八三"种谔城绥州"，页2629

[9]《长编本末》卷八三"种谔城绥州"，页2631。

[10]《长编本末》卷八三"种谔城绥州"，页2631—2632。

[11]《长编本末》卷八三"种谔城绥州"，页2629。

[12]《长编本末》卷八三"种谔城绥州"，页2632。

[13]《长编本末》卷八三"种谔城绥州"，页2632。

[14]《长编本末》卷八三"种谔城绥州"，页2632。

[15]《涑水记闻》卷十一，页125。

[16]《东都事略》卷六一《种世衡传附种谔传》，页923。

[17]《宋史》卷三三五《种世衡传附种谔传》，页 10746。

[18] 详见《长编本末》卷八三，《涑水记闻》卷十一，页 125。

[19]《长编本末》卷八三 "种谔城绥州"，页 2633。

[20]《东都事略》卷六一《种世衡传附种谔传》，页 923。

[21]《长编拾补》卷二，页 17。

[22]《涑水记闻》卷十一，页 125。

[23]《涑水记闻》卷十一，页 125。

[24]《东都事略》卷五八《韩绛传》，页 857。

[25]《长编》卷二一五，页 6—7。

[26]《长编》卷二一七，页 11，熙宁三年（1070）十一月乙卯。

[27]《长编》卷二一七，页 11，熙宁三年十一月乙卯。

[28]《长编》卷二一六，页 3。

[29] 同注 4。

[30]《东都事略》卷五八《韩绛传》，页 857。

[31]《长编》卷二一八，页 13："初，绛檄河东发兵与种谔会银州，有不如期，令谔斩其将。然河东兵从麟、府，神木寨趋生界，度十五日仅得至银州，谔但与期五日。河东兵恂恂以为言。"

[32]《东都事略》卷五八《韩绛传》，页 857。

[33]《长编》卷二二〇，页 20："时二月未望，后五日，抚宁陷，娄城寻亦弃不守。"页 17 记，前往商度的张景宪 "未行半道，抚宁已陷，至鄜延，上言：'娄城距绥德百余里，邈然孤城，凿井无水，无可守之理。'"卷二二一，页 16—17 又载，神宗与王安石的讨论："安石曰：'筑堡则致寇，今抚宁新陷之后，士气沮怯，……又陕西人力疲困。……'上曰：'……然以见兵三千人在彼为可虑，及积粮草多，为可惜。'安石曰：'三代之事固未及论，但如李牧，

犹弗肯速争少利……则娄城小利，自不当营。'"

[34]《长编》卷二二〇，页 4："河东经略司既发兵与种谔会，又承诏发兵二万给馈饷，由荒堆新路以趋罗兀城，吕公弼曰：'我之大兵虽已通行，敌若设伏继后，则师无纵类矣。永和关虽回远违期，而可免钞袭之患。'乃使由永和关以往。俄而神堂援兵果遇伏不得进。"

[35]《长编》卷二一九，页 1，熙宁四年（1071）正月。

[36]《长编》卷二一九，页 1，熙宁四年正月。

[37]《长编》卷二二〇，页 4。

[38] 见注 34。

[39] 见注 33。

[40] 同《长编》，卷二二〇，页 20。

[41]《宋史》卷四八六《夏国传》，页 14009。

[42] 侯林柏《唐宋两朝边疆史料比事质疑》（香港：南天书业公司，1976 年），页 186—187。

[43]《长编》卷二二一，页 4，文彦博"因毁谔，安石曰：'谔若委以三二千，令出入境上扰击蕃部，则似可用，顾不可纯倚仗也。'上曰：'用谔如马隆即无伤。'"

[44]《东都事略》卷六一《种世衡传附种谔传》，页 924。

[45]《东都事略》卷五八《韩绛传》，页 857。

[46] 同注 43，以及《长编》卷二二一，页 6、页 19。

[47] 同注 43，以及《长编》卷二二一，页 17。

[48]《长编》卷三一二，页 7，元丰四年（1081）四月。

[49]《长编》卷三一二，页 7，元丰四年四月，"先是权鄜延路马军副都总管兼第一将种谔奏"，疑为马步军副都总管。

[50]《长编》卷三一二，页7，元丰四年四月。

[51]《长编》卷三一二，页7，元丰四年四月。

[52]《长编》卷三一二，页7，元丰四年四月，壬申日下诏给卢秉，
"先是"种谔上奏，则此奏在壬申日之前。

[53]《长编》卷三一二，页7，元丰四年四月，页9。

[54]《长编》卷三一二，页7，元丰四年四月。

[55]《长编》卷三一二，页7，元丰四年四月，页9—10。

[56]《宋史》卷三三五《种世衡传附种谔传》，页10746。

[57]《长编》卷三一四，页12，卷三一五，页5。

[58]《长编》卷三一五，页17。

[59]《长编》卷三一六，页1，"是日，李宪入兰州"。

[60]《长编》卷三一六，页12—13。

[61]《长编》卷三一六，页13。

[62]《长编》卷三一六，页14："种谔攻围米脂寨三日，城坚守未下，
方为距闉，谔突出行视，士卒皆有疲曳之色，或报援兵且至，众
汹惧。谔令军中皆鼓乐，按辔徐还，众乃安。翌日，贼兵八万余
人自无定川出，直抵我军，将合米脂之众以夹攻我。谔命后军移
陈城下，沟其门隧，使城中人不得出，命前军及属羌循两山伏山
谷中，以左右中军御贼于川口。辛亥，合战。谔鼓之，诸将齐进，
伏兵旁发，断贼兵为二，首尾不相救，诸军从高前后击之，贼奔
溃。所斩杀及自相蹂践、颠仆而死者横数十里，……获首五千余
级，获马五千，孳畜铠甲万计。"

[63]《长编》卷三一七，页2。

[64]《长编》卷三一七，页4。

[65]《长编》卷三一八，页3、页11、页13。

[66]《长编》卷三一九，页2—3。

[67]《长编》卷三一八，页3："知夏州索九思遁去，种谔入夏州。""是日，王中正至夏州，时夏州已降种谔。"入银、石二州时亦无发生战斗之记载。

[68]《涑水记闻》卷十四，页153；《长编》卷三一九，页2—3，卷三一八，页3—13略同。

[69]《长编》卷三一九，页3。

[70]《长编》卷三一九，页15。

[71]《长编》卷三一九，页15—16。

[72]《长编》卷三百二十，页3。

[73]《长编》卷三二八，页3。

[74]《长编》卷三二八，页4。

[75]《长编》卷三二九，页9。

[76]《长编》卷三二八，页7。

[77]《长编》卷三一九，页14。

[78]《长编》卷三二零，页10。

[79]《长编》卷三二零，页3。

[80]《长编》卷三二零，页7—8。

[81]《长编》卷三二一，页13。

[82]《邵氏闻见录》卷十三，页142。

[83]《宋会要辑稿·方域》一九，页7649上，《长编》卷三二六，页16无"今者泾原方议进讨"之句，未能解释何以"贼未必敢舍巢穴"，当从《会要》。

[84]《宋会要辑稿·方域》一九，页7649上。

[85]《宋会要辑稿·方域》一九，页7649上。

[86]《宋会要辑稿·方域》一九，页 7649 上。

[87]《宋会要辑稿·方域》一九，页 7649 上。

[88]《长编》卷三二六，页 17；《宋会要辑稿》，页 7649 下作"后洮河之舟"，文句不通，故从《长编》。

[89]《宋会要辑稿·方域》一九，页 7650 上："又言：'……将来兴修乌延毕，当复夏州，则东西控扼山口，其中路以东城寨尽在腹里。'"可见有这个用意，比筑啰兀城以通路麟、府的打算又进一步。

[90]《宋会要辑稿·方域》一九，页 7649 下。

[91]《宋会要辑稿·方域》一九，页 7649 下—7650 上。关于青白盐问题，参看廖隆盛《宋夏关系中的青白盐问题》，收入《食货月刊》复刊卷五第五期，页 462—469。

[92]《宋会要辑稿·方域》一九，页 7650 上。

[93]《宋会要辑稿·方域》一九。以上《长编》卷三二六，页 16—19大体相同。

[94]《长编》卷三二六，页 19，元丰五年（1082）五月。

[95]《长编》卷三二八，页 3—4，元丰五年七月。

[96]《长编》卷三二八，页 3—4，元丰五年七月。

[97] 宿州在淮北，似为宥州之误。《宋会要辑稿》方域一九，页 7649下亦提到进城乌延与移宥州问题。

[98]《长编》卷三二八，页 4。

[99]《长编》卷三二八，页 4，又页 5 可见其具体计划："已与沈括等定议自永乐埭，声塔平、移市、石堡、乌延至长城领，置六寨，自背冈川，棱美默特置（此下疑脱一字），围罗帕克川、布娘置六堡。寨之大者城围九百步，小者五百步。"他们修改计划的理由为"银州虽据明堂川、无定河之会，而城东南已为河水所

吞，……窃惟银、夏、宥三州陷没百年，……但建州之始，烦费不赀，……城坚守备，则贼不敢攻，兵众将武，则贼不敢战，固不以州城、军寨，遂分轻重，今若选择要会建置堡寨，名虽非州，实已有其地。……务要占尽地势，以为永固"。两个计划的主要分别在于种谔是以恢复原来银、夏、宥三州为本，而徐禧则沿山置堡，"务要占尽地势"。

[100]《长编》卷三二八，页 3—4，卷三二九，页 9，详见前文。

[101]《长编》卷三二八，页 4。

[102]《长编》卷三二九，页 8。注云"此据客话"，对上页七最末一条注云"发延州日据《御集》，余悉据张舜民《永乐客话》"，这一条所据的《客话》应是其简称。

[103]《长编》卷四百二，页 3 记载鬼章欲连蕃部起兵，种谊独刺得其情，注云"此已上并据张舜民所作种谊墓志"；卷四百四，页 12 载种谊擒鬼章一节，注云："此据张舜民所作种谊，游师雄墓志及汪藻《青唐录》。"

[104]《长编》卷二二〇，页 17 记前往商度的张景宪"未行半道，抚宁已陷，至鄜延，上言：'娄城距绥德百余里，邈然孤城，凿井无水，无可守之理。'"则啰兀城之无水，并非早能预料，要到凿井才知。

[105]《涑水记闻》卷十四，页 158："水寨为虏所据，城乏水，至绞马粪，食死人脑。"《长编》卷三二九，页 20："城中掘井三，及泉仅足饮将领，于是士卒渴死者大半，至绞马粪而饮之。"后云："初（景）思谊去时，惟禧、舜举有水两壶，诸将绝饮已三日。"页 19—20："永乐依山无水，下滨无定河，为井十四，筑垒营之，敌众骤至，李稷惜军食，不纳役卒，卒以所持粮锸握垒为磴道争

先登，敌乘之，遂夺水寨。"当然，城中乏水而要另立水寨，已

非安全之计，但种谔是否知道得这样详细，未能骤为断定。

[106]《长编》卷三二九，页 7。《涑水记闻》卷十四，页 157 则记：
"将步骑四万及诸路役兵。"《长编》同卷，页 19 又记："初，沈
括谓徐禧曰：'吾众才三万。……'"而沈括并没有跟徐禧再回永
乐；同卷，页 17 又载"永乐之始围也，括仅有卒万人"，合起来
正是四万之数。页 19 又载曲珍在城外列阵，战败后"收散亡得
万五千人"，与《涑水记闻》卷十四，页 157 所载"士卒死及弃
甲南走者几半，曲珍与残兵万余人入城"的记载符合，则亦符合
永乐城有三万军马之数，加上沈括的一万，似以四万人为合，但
《长编》可能另有所谓据。

[107]《长编》卷三二九，页 7。

[108]《长编》卷三二九，页 8："括移经略府并寨，以济军用。是日，
次绥德城。"注云："……括所云移府并寨，当是米脂寨也，更
须考。"

[109]《长编》卷三二九，页 15。

[110]《东都事略》卷八六《徐禧传》，页 1311："城成，禧与舜举，括
俱还米脂岢。明日，贼数千骑趋新城，禧亟往视之。或说曰：'本
被诏相城，御寇非职也。'禧不听。"

[111]《涑水记闻》卷十四，页 157："先是，夏虏发国人，十丁取九以
为兵，近二十万人赍百日粮，屯于泾原之北，候官军出寨而击
之。既闻城永洛（乐），即引兵趋鄜延。"

[112]《涑水记闻》卷十四，页 156："徐禧在鄜延，乘势使气，常言用
此精兵破羸虏，在菜右拂，直前斩之。一步可取三级。诸将有献
策者，禧辄大笑曰：'妄语可斩！'虏阵未出，高永能请击之。禧

曰：‘王者之师，岂可以狙诈取胜邪？’由是取败。”《长编》卷三二九，页19：“先有诏选劲卒为奇兵，而禧欲以奇兵为军锋。括谓福曰：‘此一军之锐也。贼气方迫，而以千人撄其锋，势力不敌，则我丧其锐，不战自败矣。’禧又令军中不以斩馘论级，必破敌然后均赏。括曰：‘不以得级为功，则战士无所激，均赏则容侥幸，沮摧锋之士。’禧皆不从。”《涑水记闻》卷十四，页157：“边人来告者前后数十，禧等皆不之信，且曰：‘虏若大来，是吾立功迁官之秋也。’”《长编》同上：“敌倾国至，诸将请乘其集袭之，禧又不从。高永能言尤切，曰：‘羌性轻率，出不意而辄加之笞叱，则气折不能害人，若持疑不断，纵其跳梁，将无所不至。今先至者皆精兵，急与战破之，则骇散，后虽有重兵，亦不敢跬步进，此常势也。尘埃障天，必数十万之众。使俱集则众寡不支，大事去矣！’禧岸然持其须谓永能曰：‘尔何知，王师不鼓不成列。’永能退，附膺谓人曰：‘吾不知死所矣！’……　敌全师俱进，奇兵奔，我师遂溃，曲珍扣城谓禧曰：‘兵败矣！敌人当我者皆其精锐，前军胜而惰，在后者皆老稚，公可速出，潜师逾西山绕出其后击其老稚，敌众必乱，此攻心法也。’禧闭壁不应，珍乃犯关入保，收散亡得万五千人，骑兵皆弃马，缘崖而上。禧怒汗如雨。”这些记载或对徐禧有所丑化，徐禧已死，自无法辩白，本文不欲全面加以探讨，仅照录以备参考。

[113]《东都事略》卷八六《沈括传》，页1308。

[114]《涑水记闻》卷十四，页157：“八月，禧、舜举与鄜延经略使沈括、转运使李稷将步骑四万及诸路役兵始修永洛。……九月，乙酉，留李稷及步兵三万余人于永洛，括偕舜举以八千人还米脂。……骑兵弃马缘崖而上，丧马八千余匹。”

[115]《长编》卷三二九，页 19。

[116]《长编》卷三二九，页 20。

[117]《长编》卷三二九，页 16，甲午日："诏泾原、环庆、秦凤路兵马
     起发赴鄜延路救应。"乙未日："沈括言西贼围永乐城，诏河东经
     略司及麟府军马司速发河外屯守兵汉、蕃兵须二万以上，…… 取
     河 、河外便道赴永乐寨。"又令李宪往鄜延救应。

[118]《长编》卷三二九，页 17："永乐之始围也，括仅有卒万人，不
     足以战。方命潜师于延州，羌领凌结阿约勒以八万人南袭绥德，
     属羌二百人欲翻城应之。阿约勒之弟兴嫩以告括。……先期之一
     日，括入绥德，取反者三百人尸诸城，阿约勒以众退。"

[119]《长编》卷三二九，页 17。

[120]《长编》卷三二九，页 17，沈括的理由为："永乐之败，胜败未系
     边势之重轻。绥德国之门户，失绥德则延州为敌所逼，胜败未可
     知，关中必震，此大机会也！宁释永乐以救绥德。"

[121]《长编》卷三二九，页 16。

[122]《长编》卷三二九，页 16。

[123]《涑水记闻》卷十四，页 158："时有诏令李宪将环庆兵数万救永
     洛（乐），此至延州，永洛已陷矣。"

[124]《宋史》卷三三四《高永能传》，页 10725—10726："种谔取绥
     州，发永能兵六千先驱入啰兀，五战皆捷，转供备库副使。治绥
     德城，……即知城事。……四年，西讨，永能为前锋，围米脂城。
     边人十万来援，永能谓弟永亨曰：'彼恃众集易吾军，营当大川，
     宜严陈待其至，张左右翼击之，可破也。'诘旦，鏖战于无定河，
     斩首数千级。……城犹未下，密遣谍说降其东壁守将，衣以文锦，
     导以鼓吹，耀诸城下，酋令介讹遇乃出降。"可见种谔四次战役

都有高永能参与，但此时则被徐禧带去。

[125]《长编》卷三二九，页 17。

[126]《长编》卷三二九，页 18。

[127]《长编》卷三二九，页 18。

[128]《长编》卷三三零，页 13："癸酉，龙神卫四厢都指挥使降授文
　　　州刺史种谔知延州。"

附录四 种谊洮州之战始末

熙宁五年（1072），北宋正式建立熙河路，当时王韶所取得的熙州，就被定为帅府。两三年以还，王韶进拓洮、河等州，蕃部时叛时服，宋人要保有其地，不无困难。自此，其间发生两次危机，一次是熙宁七年（1074）知河州景思立在踏白城会战的败死，一次是元祐二年（1087）青唐、西夏联军联结境内蕃部为内应的密谋；前一次由王韶亲自平定，后一次由种谊在洮州之战取胜，而他的战友姚兕也阻止了青唐大军的东进，遂瓦解了二敌联军之局，使熙河路得以保全。

种谊是种世衡的幼子，因种古召对而得三班奉职，继而在高遵裕的部下，参与洮、岷等州的行动，那正是熙河之役的开始。后来李宪继续经营，种谊便在他的部下。元丰（1078—1085）西讨，种谊为左军副将，参与兰州渡河的作战。[1] 这个阶段内，他以零星的战功由三班奉职历左班殿直、内殿崇班，为熙河路第七部将，终于迁为西京左藏库副使，[2] 进入"诸司副使"的行列。《东都事略》说他在西征后的一年奉使青唐，[3] 那么这一年就是永乐城之战的元丰五年（1082）了。据说他在这时认识了鬼章，并识破了他的诡计，[4] 后来鬼章说"我生恶种使，今日果为所擒"，[5] 似乎两人早有敌意。熙宁七年踏白城之战的策动者就是这位青唐大将，当时他破杀景思立，但这一次却败于种谊。

李焘对于元祐二年时情势描述，主要取材于张舜民的《种谊墓志》。他说当时朝廷务求宁边，减置戍卒，握兵大将相继罢去，于是鬼章有恢复故土之心。自踏白城之战后，他"颇自矜大，函二将首级，时出之以慑制西域于阗等诸国"，命其子往青唐请兵，进而联结西夏、甚至密谋结属羌"以垩本族蕃塔为验，自熙河五郡、秦、渭、文、龙、阶、成等州及镇戎军、德顺军两军垩蕃塔而应之者十已七八"，竟牵连到熙河、秦凤和泾原三路的属羌，"而人不知也，知岷州种谊独刺得其情，以为不除果庄（鬼章）边患不能息。乃暴其奸状，条具攻取大利，申经略司十余状，不报，遂闻于朝廷，朝廷下其议于经略司，经略司辄沮抑，朝廷疑之"。[6] 墓志诚然归功于种谊，即如游师雄墓志亦溢美游之功迹，[7] 但无可否认的是，游师雄来到熙河，正是在此之后。[8] 与此事有关的人如经略使刘舜卿，本就持反对态度，[9] 大将姚兕在事前也不见有任何表现，李焘之采用种谊墓志，恐亦在此。

然而在朝廷做出反应之前，鬼章的计划已见诸行动，元祐二年八月初二，包围河州南川寨，从西北正面压迫熙河路。朝廷则派熙河路四名将领王光祖、王赡、姚兕和种谊去解围（四人都是边将之子），[10] 继而派出军器监丞游师雄为熙河兰会勾当公事，"遇事得专决"，[11] 一方面和经略使刘舜卿商议兰州西关城是否继续进筑，一方面讨论种谊的提议。[12]《长编》注引《青唐录》说这次"朝廷深忧之，为出兵百五十指挥，无虑七万余人戍边"，鬼章则筑洮州为两城，领兵七万攻南川寨。[13] 西夏大首领威名阿乌也到青唐商议进兵，青唐大酋长鄂策凌古点集大军欲从嘉木卓城渡河取河州，据说人马有十万之多；西夏国主乾顺尽起十二监军司的兵马，由国母梁氏与国戚梁叶普率领"对兰州、通远军而营"。[14] 然则鬼章在洮州起兵，青唐军取路向河州，西夏则与兰州、通远军对垒，三路进攻的局面已形成。

在这个情势之下，种谊初时提议的方案"以熙河蕃汉及通远军蕃兵五万合本州军马直趋洮州"，[15] 虽为游师雄所接纳，认为"宜听谊等出兵，急装轻赍并洮州而进"，"此机一失，后将噬脐"，[16] 但显然已难以并兵一路，于是"遣总管姚兕部洮西，领武胜正兵合河州熟户捣嘉木卓城，协取伦布宗部族，遣人走间道焚河桥以绝西援，谊部洮东，以岷州蕃将包顺为前锋，由格隆谷会通远寨蕃兵"。[17] 简言之，即由姚兕一军去阻塞青唐大军的来路，而让种谊去对抗鬼章。[18]

作战于八月十五日开始，据《长编》及《东都事略》所载，姚兕从河州出兵，攻破伦布宗，抢先烧毁了讲珠桥，青唐大军赶到后无法渡河。[19] 八月十八日晚，种谊到达洮州，当夜大雨，次日天明有雾，种谊在雾中攻城，激战后将城攻陷。鬼章正在城中，为宋兵所擒。[20]《长编》引《青唐录》所载，这一战的战果包括"擒果庄（鬼章）及其大首领九人，斩馘数千，获牛羊器甲数万计，城中万余人为官军所蹙入洮水而死者几半"。[21] 西夏大军在得悉这一战的结果后，亦自动收兵，[22] 宋军可谓全胜。

这一战成功，种谊遂由庄宅使升为西上阁门使，进入"横班"的等级，加领唐州刺史；他部下的蕃将包顺、包诚亦因战功而迁官。[23] 至于鬼章则被囚入槛车，[24] 送到汴京，朝议一度有应将他放回的主张，但吕公著反对，结果还是将他下狱。[25]

蔡绦《铁围山丛谈》说"擒鬼章之功，盖多得一时名臣文士歌咏，因大流播"，[26] 在士林中大受宣扬。岷县广福寺有《平洮州诗碑》为当年九月十五日，即作战后一个月所立的，大为歌颂种谊之功，又刻上喻陟、游师雄、黄庭坚、王纯臣和刘禹卿等人的贺诗，其序中大为赞誉种谊之功："今种侯之功，无取于百姓，无费于公家，出师八日，拔坚城，□□□，消西戎之后患，释主上之深忧，历观前史，迄于近世，用兵神速，未有能过者也。非天资忠毅，勇智兼得，而料敌制胜，见于未形者，孰能与于此乎？"[27] 朝廷也向神宗裕陵告捷，祝文为苏轼所作。[28]

种谊的声名既振，当西夏进侵鄜延时，他便被调往延州，统制诸将。延州是他父亲种世衡和兄长种谔长期领兵之处，《东都事略》记载："贼闻谊至，皆溃。延人谓：'得谊，胜强兵二十万。'"[29] 其后他又调回熙河路，知兰州。在兰州任内，他经营堡障和屯田，不久就去世。[30]

综观种谊的将略，因受后人渲染，不易得知其本来面目。不过，较可断定的是他与蕃部关系密切，《宋史》记载他厚待蕃将包顺、包诚，但适有小过，"比下吏，将置法，顺、诚叩头伏罪，愿效命以赎"。[31] 鬼章联结熙、秦、渭三路蕃部，"应之者十已七八而人不知也，知岷州种谊独刺得其情"；[32]《长编》在叙述他擒鬼章之战时，先说："初，谊捐金帛结果庄（鬼章）部下首领卦斯敦什宁，使伺贼中动息，会遣人来报，果庄驻洮州、巴洛桑、阿克衮等军马已放归族，惟以密迭、强扬等数族军马自随，犹万人。谊即言其状于游师雄。"[33] 首先记载他情报之准确。据《长编》注引《青唐录》所载，鬼章攻打南川寨时，有众七万；后来在洮州则有万人；[34] 若然，则种谊之能破鬼章，在于他先得到消息，趁鬼章遣散大部分军马之际，展开奇袭。联络蕃人为间谍是种世衡的故技，战略奇袭则为种谔所主张，种谊可谓集父兄之所长。同时他的计划又得到游师雄的支持，游师雄在出使之前，早已宣称"兵谋军势，间不容发，俟中覆则失机会，欲如古者大夫出疆，事得专决"，[35] 得到朝廷认可，由于他的支持，种谊便有机会一试。游师雄和种师道都是张载的学生，[36] 只是不知他们是否同时就学，若然，则凭着同学的关系，游师雄为什么会支持种谊，可谓不言而喻。反观种谔取绥州，冒着以身试法的危险；元丰西讨时他建议奇袭，朝廷却从上半年拖延到下半年才出兵，[37] 可见种谊的将略虽仍是父兄的那一套，但际遇较佳，能贯彻自己的主张。《宋史》说他"遇敌，度不胜不出，故每战未尝负败"，[38] 似属过誉之辞。

注　释

[1] 《东都事略》卷六一《种世衡传附种谊传》有较详细的履历记载，
见页 927："久之，为熙河路第七部将。诸道进兵讨灵武，以谊副
左军。"而《宋史》卷三三五《种世衡传附种谊传》较简略，页
10748："自兰州渡河讨贼，斩首六百，累转西京使。"

[2] 《东都事略》卷六一《种世衡传附种谊传》。

[3] 《东都事略》卷六一《种世衡传附种谊传》。

[4] 同注 1，《宋史》："使青唐，董毡遣鬼章迎候境上，取道故为回枉，
以夸险远。谊固习其地理，诮之曰：'尔跳梁坎井间，谓我不知远
近邪？'命趋便道。鬼章怒，胁以兵，谊声气不动，卒改涂。"

[5] 《东都事略》卷六一《种世衡传附种谊传》，以及《宋史》。

[6] 《长编》卷四百二，页 2，元祐二年六月。

[7] 王昶《金石萃编》卷一四一，页 27 张舜民《游师雄墓志》："公既
至，谍知西夏聚兵于天都山，前锋已屯通远境上，吐蕃之兵欲攻
河州，鬼章又欲以别部出熙州，公将先发以制之，告于熙帅刘舜
卿。舜卿曰：'彼众我寡，奈何？'公曰：'在谋不在众。……　傥
不济焉，愿为首戮。'议三夕而后从之。乃分兵为两道。"将功劳
归于师雄，不提种谊，但种谊墓志也是张舜民所作，大抵以师雄
位高，归功于他。

[8] 《长编》卷四百二，页 2，《宋史》卷三三二《游师雄传》，页
10689。

[9] 《长编》卷四百二，页 2，元祐二年六月，《宋史》卷三三二《游
师雄传》，页 10689。

[10] 王光祖为好水川战死的宋将王珪之子，王赡为熙河将王君万之子；
姚兕之父姚宝战死于定川，种谊则为世衡之子，参见《宋史》卷

三四九《姚兕传》，卷三五〇《王光祖传》《王君万传》。

[11]《长编》卷四百一，页 10；卷四百二，页 2。

[12]《长编》，卷四百二，页 1—2："鄜延路经略使赵言：'闻兰州进筑
　　西关城，又闻欲增筑康古寨，此皆西夏必争之地，请降约束诸路
　　各守旧疆，不宜更有侵占。'诏游师雄与刘舜卿相度可与未与修
　　移，如何措置不致生事，可以趣办。"但这只是因赵的提议而附
　　加，主要仍是讨论熙河路的处境。

[13]《长编》卷四百四，页 12，注引汪藻《青唐录》。

[14]《长编》卷四百四，页 11。

[15]《长编》卷四百四，页 10—11。

[16]《长编》卷四百四，页 11。

[17]《长编》卷四百四，页 11。

[18] 这一战宋兵得胜，固无疑问，但史料中却存在一些不正确的描
　　述，兹略作澄清。《宋史》卷三三五《种世衡传附种谊传》，页
　　10748："谊刺得其情，上疏请除之。诏遣游师雄就商利害，遂与
　　姚兕合兵出讨。"合兵出讨是种谊的原意，但因青唐西夏联军进
　　攻，以分兵较佳。同书卷三三二《游师雄传》，页 10689："遂分
　　兵为二，姚兕将而左，种谊将而右。"相隔不过三卷，而自相出
　　入。《长编》不采合兵之说，不过《宋史》所谓"姚兕将而左，种
　　谊将而右"的描述也有问题。青唐在熙河路之西，宋人的作战正
　　面因而亦为正西或西北，然而洮州在南方，相对来说应属左方而
　　非右方。若以河州为中心，洮州勉强可算右方，但种谊是"以岷
　　州蕃将包顺为前锋，由格隆谷会通远寨蕃兵"，并非由河州出兵。
　　此说出于张舜民"游师雄墓志"，见《金石萃编》卷一四一，页
　　27："乃分兵为两道，姚兕将而左，……种谊将而右"，《宋史》或

因之而误。《东都事略》卷八四《刘舜卿传》，页 1287："大将姚
兕、种谊请分兵两路，急装轻赍，并洮水而进，兕部洮西，……
谊部洮东，……"姚兕部洮西，种谊部洮东之说与《长编》相同，
但又说"并洮水而进"，则两军夹河而前，变成种谊在东岸、姚
兕在西岸，又怎能焚河桥？可见作者对战场地理未加深究，仍以
《长编》的记载远为清晰。参见《中国历史地图集》（上海：中华
地图学社出版，1975 年）第六册"宋辽金时期"，页 20—21"北
宋秦凤路图附熙河一带地图"。

[19]《东都事略》卷一百四《姚兕传》，页 1590："兕自河州率兵破六
通宗（伦布宗）城，夜遣骁将纵火讲珠梁，明日青唐兵至，不得
遂洮州之援。"卷八四《刘舜卿传》，页 1287："兕部洮西，领武
胜正兵合河州熟户捣讲珠城（嘉木卓），胁取六通宗部族，遣人走
间道以绝西援。"《长编》卷四百四，页 11 同，下页又云："十六
日，兕破伦布宗，百里间焚荡无孑遗，斩首千余级。十七日，攻
嘉木卓城，杀伤相当。日晡，焚其飞桥。移时，羌十余万奄至，
旌旗铠仗亘数十里，至桥不得渡，望风而溃。"

[20]《长编》，同卷，页 12："十八日晚，谊至洮州，壁青藏峡。会夜
大雨，及旦，重雾晦冥，谊引兵围城，部分甫毕，雾忽开，羌望
见官军，以为从天而下，亟乘城拒守，汉兵四面攻之，其板筑犹
未毕也，士皆鏖斗，呼声动天地，一鼓破之。"页 13 引出《青唐
录》原文，与之相同。《宋史》附传的记载微有不同，参见注 18，
又云："羌迎战，击走之，追奔至洮州。谊亟进攻，晨雾蔽野，跬
步不可辨。谊曰：'吾军远来，彼固不知厚薄，乘此一鼓可下也。'
遂亲鼓之。有顷，雾霁，先登者已得城，鬼章就执。……岷羌酋
包顺、包诚恃功骄恣，前守务姑息，谊至，厚待之。……及洮州

之役，二人功最多。"

[21]《长编》卷四百四，页 12，注云："此据张舜民所作种谊、游师雄
墓志及汪藻《青唐录》。"下文引《青唐录》与长篇正文全同。

[22]《长编》卷四百四，页 13 引《青唐录》。

[23]《长编》卷四百六，页 10。

[24] 游师雄有诗句"槛车生致鬼章来"，详见下注 27。

[25]《宋史》卷三三二《游师雄传》，页 10689："捷书闻，百僚表贺，
遣使告永裕陵。将厚赏师雄，言者犹以为邀功生事，止迁一官。"
范纯仁则谓："鬼章自先朝以来，前后杀害中国兵将、蕃汉人民为
数极多，死者冤愤莫伸，其家孤寡穷独之人恨不脔食其肉。"又
云："诛果庄则上可伸先帝之怒，其次可正朝廷之法，使四裔知畏，
又其次可雪踏白、南川之，增战士之勇，快神人之愤。"又云："初
议西边事，近臣多进计，请尽还以侵地，吕公著及吕大防独持不
可。及果庄就擒，西贼退却，或又言果庄宜优命以官，置之秦凤，
或言遂放归以责其来效；又言熙河克捷，泾原守御之功皆不足赏。
公著曰：'果庄为患二十年，先帝欲生致之而不可得，二圣待以不
死，其恩固已厚矣，尚何官之有，况可放乎？'"均见《长编》卷
四百〇六，页 15—16。

[26]《铁围山丛谈》卷二，页 32；然其注文以种谔擒鬼章，误。

[27]《陇右金石录》宋上，页 42—43。今不见黄庭坚诗，唯存喻陟、
游师雄、王纯臣及刘禹卿之诗如下：

闻官军破洮州，喜而有咏，寄呈洮东安抚庄宅

朝散郎权发遣秦凤等路提点刑狱公事

喻陟

捷报下戎洮，威传万里遥。渠魁成面缚，氛实时销。

圣算百王上，神功千古超。从兹荒忽地，无复恣口骄。

黠虏方干轨，王师薄有征。摧枯祗俄顷，破竹不留行。

杀气收貔虎，清风卷旆旌。遥瞻紫宸阙，称贺浃欢声。

周后持盈满，戎夷负固年。庙谟期必胜，闻略制于先。

不假天山箭，行闻伏杜篇。凯还俘馘献，图像有凌烟。

寿翁安抚庄宅总兵一出，半日之内攻破洮州，禽西番大首领鬼章，

捷书所传，无不庆，偶成小诗二首寄呈

宣德郎军器丞熙河兰会路勾当公事

游师雄

王师□□□□雷，顷刻俄闻破敌回。

且喜将门还出将，槛车生致鬼章来。

□□□□敌来知，烟云初散见旌旗。

忽惊汉将从天下，始恨胡酋送死迟。

纯臣启至大寨、闻禽鬼章捷书上奏，喜而为诗，拜呈

承议郎新差权通判岷州军事

王纯臣

□□匹马捷书来，且喜洮东破虏回。

纵使淮西第一功，未垒生缚七渠魁。

禹卿伏通判承议□制歌咏破虏大功，依韵拜和

孟州泛水县主簿监岷州铸钱监

刘禹卿

英主龙飞嗣位来，洮东初奏捷师回。

若评后圣勋臣序，公占凌烟阁上魁。

元祐二年（1087）九月十五日，奉议郎权通判岷州军州兼管内劝农事骑都尉赐绯鱼袋盖士良立石。

[28] 苏东坡《苏东坡集》，收入《国学基本丛书》（上海：商务印书馆，1933 年）内制集卷四，页 19。

[29]《东都事略》卷六一《种世衡传附谊传》，页 927；《宋史》卷三三五《种世衡传附谊传》，页 10748 略同。

[30]《东都事略》卷六一《种世衡传附谊传》，页 927："兰与通远皆绝塞，中间堡鄣不相接，质孤、麻子川田美宜稼，皆弃不耕，谊请城纳迷堡、李诺、大柳平、结珠龙，扼其要害，募民耕植，以省馈运，于是城李诺平。"《宋史》附传略同，见页 10749，又云："会迁西上阁门使、保州团练使，卒，年五十五。"

[31] 同注 29，《宋史》，页 10749。

[32]《长编》卷四百二，页 2。

[33]《长编》卷四百四，页 10。

[34]《长编》卷四百四，页 12 注："（鬼章）五月一日，引步骑七万围河州南川寨。"又页十三："城中万余人。"

[35]《长编》卷四百二，页 2。

[36]《宋史》卷三三二《游师雄传》，页 10688："学于张载，第进士。"《三朝北盟会编》卷六十录《种师道行状》，"少从横渠张载学，多见前辈长者"，见页 12。

[37]《长编》卷三一二，页 7，元丰四年（1081）四月："先是，权鄜延路马军副都总管兼第一将种谔奏：'……愿陛下假臣鄜延九将汉蕃

人马之外，量益正兵，……止裹十数日之粮卷甲以趋……'"但
当时诏旨的答复为："仍未得便举事，先密具画一以闻。"见页 10。
结果九月才大举出兵，见卷三一六，页 12—13。

[38]《宋史》卷三三五《种世衡传附种谊传》，页 10749 ："谊倜傥有
气节，喜读书。莅军整严，令一下，死不敢避；遇敌，度不胜不
出，故每战未尝负败。"《平洮州诗碑》云："侯持重安逸，不为之
顾，……侯不得已，数提兵于境上，深沟坚垒，佯兵不进，……
贼有轻我之心，可以行矣，乃具状白帅司，愿得兵万骑。"亦与
《长编》所载不符。

附录五　种朴事迹拾补

　　《宋史》卷三三五《种世衡传》附有《种朴传》，但传中大部分篇幅都是记载他战死后部将王舜臣力战退兵的过程，关于他的生平还不到一百五十字，关于他在一公城战死的过程还占了大部分，而他早年的事迹几乎完全没有提及。

　　附传记载："朴以父任右班殿直，积劳，迁至皇城使、昌州刺史，徙熙河兰会钤辖兼知河州，安抚洮西沿边公事。"[1]他在知河州任内战死之前有何经历，完全失载，只知他用父亲种谔的荫，为右班殿直而晋身而已。其下紧接着记载他的战死："河南蕃部叛，属羌阿克率他族拒官军，熙帅胡宗回使朴出讨。时朴至州才二日，以贼锋方锐，且盛寒，欲姑徐之，而宗回驰檄至六七，不得已，遂出兵。羌知朴来，伏以待。朴遇伏，首尾不相应，朴殊死战，为贼所杀，以马负其尸去。"[2]以下就叙述王舜臣的力战。传中种朴的事迹就仅此而已。

　　种谔传中有"谔谋据横山之志未已，遣子朴上其策。帝召朴问状，擢为阁门祗候"[3]一语，稍可补充种朴传的阙漏。至于《东都事略》，则根本没有他的传。

　　综合各种记载，可发现种朴的许多事迹，都不见于附传，尤其在他和绍圣（1094—1098）、元符（1098—1100）间对西夏用兵之关系，《长编》记载远比《宋史》的传为详尽，今特将种朴事迹作一拾补，未敢骤称完备，仅作一初步补充而已。

种朴在替父亲上了进城横山的奏疏后，不久永乐城战役便开始。宋兵战败后，种谔反因沈括的罢免而代为延帅，于是便推荐他和徐勋，"望特奖擢"，但朝廷认为种谔"乃妄敢为子弟乞恩，初无忌惮，特罚铜三十斤"。[4]元丰六年（1083）四月，种谔去世，徐勋擅用帅府的印信签发公文，事发，他亦涉嫌与徐勋合谋。此事记载于折彦质所撰《种师道行状》："开府公既捐馆，幕属徐勋辄用印作奏荐士，诏御史问状，勋即引朴为证。朴，开府公之子也。公驰至京师，上书：'诉状，斩。然在衰经之中，岂复与闻他事？倘不获免，似为夏人报怨耳！'神宗皇帝即日赦出之。"[5]《东都事略》种师道传的记载亦略同。[6]这段记载最早既出于行状，似有褒美种师道孝友之行的意思，但既涉及徐勋盗印案，种师道上书为其伯父之子辩护，事属可能。此案初发时神宗曾下令要十日内结案，但结果竟拖了三个月才降下诏书责罪，[7]其间经过不少波折，自可想见。《长编》李焘注中引用田画的《王安礼行状》，说王安礼也为徐勋解救，[8]大概后来神宗回心转意，只将徐勋除名，种朴被夺了阁门祗候，并勒停。[9]

到元祐五年（1090）时，因兰州的质孤、胜如二堡及对于青唐的和战问题，朝廷中又起争议，种朴又成为受抨击的对象。当时熙帅范育主张乘青唐内乱之际加以干涉，又主张质孤、胜如二堡必须保全。于是苏辙起而抨击，说："臣近以熙河帅臣范育与其将吏种谊、种朴等妄兴边事，东侵夏国、西挑青唐。……臣窃伏思念熙河边衅，本由谊、朴狂妄觊幸功赏，今育虽已去，而谊、朴犹在。新除帅臣叶康直又复人才凡下，以臣度之，必

不免观望朝廷，为谊、朴所使。"[10] 又把种谊、种朴叔侄看成开
边生事的人物，甚至进一步和以前种谔的事拉上关系："闻种谔
昔在先朝，以轻脱诈诞，多败少成，常为先帝所薄。今谊、朴
为人，与谔无异。……种朴昔因永乐覆师之后，父谔权领延安
之日，与其亲戚徐勋矫为谔奏，妄自保明劳效，仍邀取诸将赂
遗，并奏其功。先帝觉其奸诈，欲加极典，既而释之，并特降
官落职停替，……狂妄如此，若不加以贬责，臣恐熙河终未宁
靖也。"[11] 苏辙攻击之下，种朴遂改任泾原路，离开熙河，苏辙
仍未停止，再上言，"至如种朴，本与育、谊共造边隙，今乃移
朴泾原，独留育、谊。若以召育为是，则今遣之为非矣；若以
移朴为当，则独留育、谊为失矣"。[12]

　　种朴到底做了什么事，以致引来苏辙的攻击，《长编》只载
有苏辙的奏，不得而详。种朴之与范育、种谊并受攻击，或出
于苏辙的偏见，因他为种谔之子、种谊之侄，故一并加以抨击；
但也可能真如苏辙所说，种朴"本与育、谊共造边隙"，参与其
谋，观其首先被调往泾原，可能正是这个缘故。

　　他到了泾原路后的事迹亦不详。朝廷在这个期间欲与西夏
划界议和，边事稍宁。不过到绍圣年间，哲宗亲政，有恢复神
宗朝开边政策的迹象，而种朴活动的事迹，又再见于《长编》。

　　这一时期的宋夏战争，由绍圣迄元符，主要目标为天都
山，泾原路由平夏城、灵平寨一带出去，谋划据地利，与熙
河路边界相接。这一策略由渭帅章楶提出，哲宗说"章楶到未
一旬，即画此策"，[13] "既而环庆、鄜延、河东、熙河皆植城
堞，屹然并立，夏人愕视不敢动，故诸路之城戎地，实自泾原
始也"。[14] 然章楶初到泾原，"至渭之八日，即上言"，[15] 继而

有诏知镇戎军今后兼管勾泾原路沿边安抚司公事，[16] 而知镇戎军的正是种朴。绍圣四年（1097）五月，章楶奏称："本司近指挥缘边安抚知镇戎军种朴量带人马……于后石门、褊江川子细按视山川形势、道路险易，有无水泉……今据种朴彩画到地图签贴完备，臣寻将前所进稿照验得委实，尤为精确。"[17] 然则章楶的计划，亦包含了种朴的调查成果，战役地图亦由种朴提供。据后来章楶的转述，种朴认为边江一处，必须向邻路借兵，须有步骑八万，[18] 可见种朴参与谋议。六月，边江就绪，"然环庆又欲筑灰家觜，以次经营苇州、清远军"。[19] 种朴"在环州筑灰家觜，只用二万余兵"，[20] 城成，"诏赐名兴平城"，[21] 种朴因功由皇城副使、阁门通事舍人迁为文思使。[22]

其后章楶集泾原、秦凤、熙河之大军进筑没烟峡，[23] 种朴则从环庆路出兵，略有斩获。[24] 不过到了五日，泾原路因天旱而拖延了工程，环庆路则在之字平筑城，发现缺水而告放弃，这才把种朴调回泾原。[25] 终于到六月，这项工程得以完成。种朴因功又迁了一官。[26]

继而章楶欲进一步在洒水平和萧摩会筑城，谋据天都山。在这一阶段中，种朴所担任的角色似乎较不重要。地图由另一将领李忠杰提供，[27] 种朴则只是其中环庆兵的大将。[28] 元符元年（1098）十一月，西夏大举反击泾原，种朴等将领据说"各能持重，不与轻战，保全师众"。[29] 天都山的进筑终于完成，曾布认为此工程"天都至秦州甘谷城南北一直五百里，幅员殆千余里，……则趋兴庆不远矣。……故两路边面相接，而秦州遂为腹"。[30] 种朴亦以此役的成功加领昌州刺史。[31] 然后他回到环庆路，权知环州。[32] 环州是他祖父种世衡、伯父种古都曾莅任的地方，到他已是第三代了。不过他在此地停留并不长，其中又参与进筑白豹城，以据横山。这一次的成功，他又迁官了，由左藏库使迁为皇城使。[33]

　　这时已是元符二年（1099）的六月。到闰九月，他便受命为熙河兰会路钤辖知河州、管勾洮西沿边安抚司公事，然后就在一公城战死。种朴赴任河州前的官职颇有不清楚之处，据八月环庆路经略司的奏报，他在环庆路带兵往赤羊川接应西夏归降的首领尚罗格，并擒获西夏监军额伯尔，[34]不过到他战死时官爵仍为皇城使、昌州刺史，似未因功而受迁；而《长编》注引《青唐录》却记载："河州阙守，朴时守镇戎军，宗回请以朴知河州。"[35]似乎曾经调任镇戎军。

　　种朴之被调任河州，是由于"河南蕃部叛"；[36]此地之人情不安，则由王赡进军青唐所带来。北宋的熙河路本已是夺青唐及各吐蕃部族之地而建立，到元符二年，知河州王赡更打算渡河尽取青唐，[37]这本来也是范育以前提过的。王赡初时进兵顺利，到闰九月，已尽取邈川和青唐城，朝廷以邈川为湟州、青唐为鄯州，以王赡知鄯州。[38]不过自此之后，羌人不服，湟、鄯皆受包围，道路不通，朝廷派姚雄和苗履去解围，而河州蕃部又叛变，于是种朴受命星夜赴任，"是时青唐、邈川信息不通已半月"，十月壬寅，朝廷得到二城解围的消息，"辅臣皆相贺"，认为"其不败事乃幸尔"。[39]然而青唐局势转佳时，河州蕃部却一再击败宋兵。《长编》据《青唐录》所载，种朴到河州才两日，熙河帅胡宗回便迫他出兵，"朴以贼锋方锐，且盛寒，姑徐之，而宗回檄日五七下，朴不得已而行"。[40]

　　种朴到任虽只有两日，但也许由于他曾是熙河将领，对洮西部族颇有认识，认为"河南一公、嘉木卓等六寨正为河州门户冲要，根本之地，储积粮糒，蓄养士马，其势重则足以弹压河北新附部族，稍有警急，自相援救，使生羌束手受制，政在于此。既有河南新复六寨，委是合置蕃兵一将，总领将官二员，正将一公、副将嘉木卓"。[41] 从这个奏章中可见他对一公城等六寨地区之重视，谋求强化该地的控制，然而这个建议透过胡宗回到达枢密院时，他已在两日前战死了。[42]

一公城会战的过程，《长编》正文根据《青唐录》，注文中则引出《崇宁边略》，前者多述种朴死后退兵的情形，后者虽较详细，但体似小说。李焘取前者："羌知朴来，设伏以待。朴逾一公城，坠羌伏中。羌望见朴中军旗帜，自高冈以劲骑横突之。山间路狭，首尾不相应，朴为羌刺死，以马负尸去。将士皆号泣，无战心，羌乘胜逐北。"[43] 这段记载只比前引《宋史》附传稍多一二线索，如羌人是望见他旗号而用骑兵从高冈上冲下，将他杀死的。

李焘注引《崇宁边略》："种朴知河州，会湟州一公城为羌众所围，遂自河北出兵，自将救之。有蕃僧二人，为边帅探事者，十余年矣，朴将行，僧告朴曰：'羌人虽畏旗帜之多，益畏大将之旗帜明光采者。'朴信其言，别制新旗数百竿，文采甚绚。建旗而出，以蕃僧为向导，使夹马而行。俄行六十里，忽于涧道中有骑百余，成队西行，朴甚忽之，俄见朴旗，忽夺驰直冲朴军，至旗下，以枪刺朴，即死，众遂溃乱。盖蕃僧与羌众为谋，令种建新旗，即知朴所在，朴不悟，信其言，遂败而死，蕃僧不知所在矣。"[44] 若作为故事来看，则以上记载相当有趣，但可信与否，自有疑问。如种朴至河州才两日，有没有时间另制新旗？同时种朴不知道羌人畏大将旗帜，要蕃僧告诉他，好像没有经验。不过两个记载有些相同之处，羌人是望见种朴旗号，然后便用骑兵冲入他的中军，将他刺死，又以马负尸而去，种朴死了大军便溃败，这些记载都相一致，且与《宋史》附传符合。

以上对种朴事迹的辍拾，自绍圣时章楶计划进筑天都山到元符二年十月种朴的战死，活动尚属连贯，较诸《宋史》附传，是已经详尽得多。唯《长编》对于种朴在元丰末年（1083—1085）及元祐年间（1086—1094）的活动仍少记载，大概当时正由于种谔的名声不好，其子亦一并受到压抑之故。

注　释

[1]《宋史》卷三三五《种世衡传附种朴传》，页 10749。《东都事略》无种朴传。

[2]《宋史》卷三三五《种世衡传附种朴传》，页 10749。

[3]《宋史》卷三三五《附种谔传》，页 10747。

[4]《长编》卷三三一，页 16，元丰五年（1082）十二月。

[5]《会编》卷六十引《种师道行状》，见页 5。

[6]《东都事略》卷一百七《种师道传》，页 1634。

[7]《长编》卷三三五，页 8 载神宗限令在延州十日结案，而到八月才有诏将徐勣除名、中间一直无明确表示，诏见同书卷三三八，页 12。

[8] 同书卷三三八，页 12 注文："王安礼曰：'矫用印宜若有罪，当帅新亡，其处报机急，容有前期草定而未发者，一旦用之以追成其志，与夫窃发于平时以规其私者容有间矣。'……田画作《王安礼行状》云尔，徐勣夺一官，与实录不合，当考。"则李焘亦未令采此说。

[9] 同注 7。

[10]《长编》卷四四四，页 10。

[11]《长编》卷四四四，页 11、13。

[12]《长编》卷四四六，页 8。

[13]《长编》卷四八六，页 7。

[14]《长编》卷四八六，页 7。

[15]《长编》卷四八六，页 6。

[16]《长编》卷四八六，页 7—8。

[17]《长编》卷四八七，页 1。

[18]《长编》卷四九六，页 7，据章楶奏文转述。

[19]《长编》卷四八九，页 4 曾布言，页 17 ："戊寅，诏：'孙路奏乞城
　　灰家觜。'"

[20]《长编》卷四九六，页 14 ："环庆路经略司言进筑兴平城毕工。
　　诏：'西上阁门使张存、皇城使通州刺使张诚，皇城副使兼阁门通
　　事舍人种朴为统制兵马，进筑兴平城。……'"二张官位在种朴之
　　上，但页七章楶奏文则谓"今春种朴在环州筑灰家觜，只用二万
　　余兵"，则以种朴为带兵主持其事的。

[21]《长编》卷四九四，页 28 ："孙路言进筑灰家觜新城毕工，……诏
　　赐名兴平城。"

[22]《长编》卷四九六，页 14 ："种朴迁文思使。"

[23]《长编》卷四九七，页 2。环庆本来也要出兵协助，但孙路奏请
　　"五月自当进筑，不可更应副泾原"，得到许可，见页 18 孙路奏。

[24]《长编》卷四九七，页 17 ："环庆走马盖横奏：'种朴出界，斩首百
　　余级，获驼马牛羊共数千。'"

[25]《长编》卷四九八，页 6 ："泾原又奏久旱，草未茂，乞展限进筑
　　没烟。诏以五月中旬进筑。"页 10 ："癸亥，…… 环庆奏罢筑之字
　　平，以无水故，遣种朴应副泾原。"

[26]《长编》卷四九九，页 6。

[27]《长编》卷五二〇，页 13。

[28]《长编》卷五四〇，页 15 ："诏所乞会合四路兵马，今逐路各选差
　　精锐堪出战人马准备应副。其环庆路兵一万，内骑兵三千，委种
　　朴统制。"

[29]《长编》卷五四〇，页 3 ："枢密院言：'近西贼举国侵犯泾原路，
　　攻围城寨……其本路经略司及统制官副都总官王恩等，统领官姚
　　雄、姚古、环庆、泰凤统制策应兵马种朴、王道、各能持重，不

与轻战，保全师众。'"

[30]《长编》卷五百十，页 10。

[31]《长编》卷五百十，页 17，与种朴一起迁赏的有李譓、王恩、苗
　　　履、雷秀、姚雄和姚古。

[32]《长编》卷五百十，页 17，诏中已见"权知环州种朴"字样，下
　　　条即见"环庆路言白豹城进筑毕工"，可见种朴在天都山工程完毕
　　　后已回环庆路筑白豹城。

[33]《长编》卷五一一，页 15，同时迁官的有张存和张诚。

[34]《长编》卷五一三，页 8。

[35]《长编》卷五一七，页 8。

[36]《宋史》卷三三五《种世衡传附种朴传》，页 10749。

[37]《长编》卷五一一，页 16—17。

[38]《长编》卷五一六，页 2—4。

[39] 详情参见《长编》卷五一三至五一七。引文出自卷五一七，页 1。

[40]《长编》卷五一七，页 8，元符二年十月。"初，苗履等并自青唐
　　　还，熙州始闻属羌阿克章因河外叛，……胡宗回遣河州都监王吉
　　　将五百骑讨阿克章，全军没；又遣开封府界第八将魏钊讨之，钊
　　　亦败死。"《宋史》卷三一八《胡宗回》传，页 10371；种朴传，
　　　页 10749 略同。

[41]《长编》卷五一七，页 10。

[42]《长编》卷五一七，页 10，种朴战死在己未日，此奏在辛酉日由
　　　枢密院上言中见。

[43]《长编》卷五一七，页 8。

[44]《长编》卷五一七，页 9。

附录六　种氏将门的其他份子与
其他姓种的人

除正文中提及的种氏诸将外，史料中往往散见一些种姓的人，其是否属于种氏将门的份子，兹作一初步考证。唯不能断定的个案甚多，故不欲进行系统的安插，仅作逐人探讨，以明其要。

（一）种世材

《宋会要辑稿·职官》六五，页 3849 上："开封府判官司勋员外郎种世材夺两官，勒停；三司户部判官祠部员外郎集贤校理杨仪夺三官，责邵州别驾。杨仪之妻，富民程文昌妻之从姊也，以故仪与文昌交私。"其案情甚为复杂，兹不详引，结果"而世材听仪之请辄贷之"，因此受责。《宋史》卷三三五《种世衡传》，页 10741 载："世衡坐流窦州，徙汝州，弟世材上一官以赎，为孟州司马。"则知世衡有弟名世材，《宋会要辑稿》这条资料系于庆历八年（1048），其时世衡已死。

（二）种和师服

《铁围山丛谈》（北京：中华书局，1983 年）卷六，页 107：

"种和师服，名将也，出陕右，元祐时，朝廷付以边事。吕丞相大防始召之饭，举箸，沙鱼线甚俊，吕丞相喜问：'君解识此物耶？'种操其西音曰：'不托便不识。'至今传以为笑。"中华书局所据的是知不足斋本，注云"雁里本无'和'字，今从别本增。"但"种和师服"，仍不知是何人，大概是种和字师服。元祐时种谊擒鬼章，名声大噪，"朝廷付以边事"之说或出于此；但也有可能是种朴，"朴""和"音近，而且种师道、种师中都以"师"字行，种朴可能也有以"师"字行的另一个名字。不过以上只属一猜测。元祐（1086—1094）时朝廷并未付边事给种姓的大将，较著名的只有种谊和种朴，"朝廷付以边事"可能只是夸张之说，不足以推定种和师服到底是何人。

（三）种建中

《长编》卷五四一，页1，元符元年（1098）八月壬申："泾原奏，折可适、姚古已领兵马二万进筑会州城，碱陧未毕，功料令将官雷胜、通判原州种建中继成之。"《会编》卷六十录折彦质《种师道行状》："初名建中，避建中靖国之号，改师极，徽宗又特命名师道。"见其页10。《东都事略》卷一〇七《种师道传》，页1633略同。元符元年，他仍在用种建中的名字，后来才改名师道。

（四）种文煦

《宋会要辑稿·食货》三七，页5449："（咸平）六年正月，何承矩言：'虏寇杀斥堠军士卒，夺马二匹，并得虏界新城都监种文煦牒，请徙九村民以避劫掠。'"咸平五年（1002）种放才出山，这个种文煦是辽都监，当不会是种氏将门的成员。同页上文又有："五年四月，诏雄州复置榷场，从知州何承矩所奏也。先是承矩累言恳请开置，及陈得北界伪命新城都监种坚牒，请复置榷场，以通商旅。"相距只有一年，不知是另有一人名种坚，还是种文煦坚请开榷场。

（五）种友直

《长编本末》记政和晏州卜漏之叛为赵遹所平的过程，见卷一百四十一。到最后围攻轮缚囤时，因"大囤据大山，崛起数百仞，……备御无一不至，贼自上施矢石，直瞰官军中者即齑粉"。见页 4264 引《赵遹行状》，又云："泸州都巡检使种友直，山西将家子，沈密能任事。"北宋将家中姓种的当为种世衡的一门。种师道在《责官谢表》亦自称"西海名家"，《宋史》卷三三五《种世衡传附传》，页 10752："种氏、姚氏皆为山西巨室。"故种友直可能亦为种氏将门中人。

唯种友直为"泸州都巡检使"，并非陕西将领。《长编本末》同卷记载此役动员了陕西兵马，页 4259："辛巳手诏：'……除已差永兴、秦凤路兵马外，更差泾原路三千人、环庆路二千人，并步人前去应副。'"将官则有"王育、马觉为同统制，雷迪、丁升卿军前承受"，西兵的将官中不见种友直之名，友直似非随援兵而来，而为本地原来的将官。若以上推测不误，则种氏将门之子弟，亦有任西南方面的将官。

据《长编本末》所引《赵通行状》，种友直在轮缚囤之战中居功甚高。赵通先将他投闲置散，"顾山限崖壁尤陡绝，高倍他处。贼以险故，栅垒疏缺无守备。通曰：'此贼不相及，何用屯吾重兵，其悉移军当贼，吾以此地命友直。'并（田）佑恭所部军于下。友直辞曰：'愿得效死当贼锋。'……友直、佑恭遂军其下，日无所事。……贼久劳苦，疲顿甚。通密召友直、佑恭等至，曰：'对汝所军崖壁，疑可以计登。……乃悉以成算授友直，且令诸军，……是日友直选所部与佑恭之众得二千余，……次第挽绳梯而登，……官军内外相应，遂斩关环城而登，破晏州轮缚大囤，……通命友直及统领官刘庆以步骑精甲五千追至山后轮多囤，遂擒卜漏。'"见页 4265—4267。以上可见赵通用种友直负责奇袭，先登悬崖，与大军合力攻破，又领兵追擒敌帅卜漏，战功可谓甚高。

种谔绥州之役、铁城之役，种谊洮州之役，均以奇袭取胜，种友直于这一战亦如是，到底是出于巧合，还是种氏将门素来擅长于此，颇可玩味。

（六）种师道诸子侄

《宋会要辑稿·礼》三六，页 1316 上："高宗绍兴八年十月二日诏：'故太尉（镇）洮军节度使同知枢密院事种师道以再从侄浩为后，其神道碑令本家陈乞，委官制撰'。"然据《会编》卷六十所引《种师道行状》却载："公娶尹氏，赠宜春郡夫人。男浩，武功郎；溪，保义郎阁门祗候，皆已官而卒。孙彦崇、彦崧。彦崇死于兵，彦崧早夭，朝廷命其侄泓奉公祀。"见页 12。

然则种浩究为师道之子或再从侄，不可两存。《行状》为折彦质所撰，似不致有误；反之《宋会要辑稿》一度散失，或抄写有误而致此，亦未可知。

《会编》同卷又引《封氏编年》："种师道薨后，犹子湘知叙州，以伯父师道自来劳绩奏上，乞加褒恤。……绍兴五年六月三日敕中书门下省尚书省送到故太尉同知枢密院事开府仪同三司种师道亲侄阁门宣赞舍人、新差权发遣叙州军州事种湘状。"以下引其状文，见页2—3。然则绍兴五年（1135）种师道还有亲侄种湘在，绍兴八年（1138）却以再从侄"种浩"为后。《邵氏闻见后录》卷三十，页236记"近种湘守叙州……不数日湘死"，以种湘死于叙州任上，然则此后便以再从侄为师道之后，是否如此，当再考。

种师道还有另一侄种洌，《行状》记载："虏人初入都城也，……乃取公之侄承议郎洌，洌见韩昉，……虏人既退，洌等始奉公枢出都，三遇群盗，皆列拜致奠而去。"见页14。种洌既送师道枢回，未知是否亲侄。

图书在版编目（CIP）数据

北宋种氏将门之形成 / 曾瑞龙著. —杭州：浙江
大学出版社，2020.1
ISBN 978-7-308-19920-9

I.①北… Ⅱ.①曾… Ⅲ.①军事人物—人物研究—
中国—北宋 Ⅳ.①K825.2

中国版本图书馆 CIP 数据核字（2019）第 293799 号

北宋种氏将门之形成

曾瑞龙　著

责任编辑	王志毅	
文字编辑	伏健强	
责任校对	赵　珏	
出版发行	浙江大学出版社	
	（杭州天目山路 148 号　邮政编码 310007）	
	（网址：http://www.zjupress.com）	
制　作	北京大观世纪文化传媒有限公司	
印　刷	河北华商印刷有限公司	
开　本	635mm×965mm　1/16	
印　张	15	
字　数	162千	
版 印 次	2020年1月第1版　2021年6月第2次印刷	
书　号	ISBN 978-7-308-19920-9	
定　价	59.00元